Verginia Grando

se nada
mais
der certo
eu não
tenho
plano b

ARTE E
LETRA

2016

CAPA E PROJETO GRÁFICO
FREDE TIZZOT

© 2016, VERGINIA GRANDO

© 2016, ARTE E LETRA

G751S

GRANDO, VERGINIA
SE NADA MAIS DER CERTO
EU NÃO TENHO PLANO B / VERGINIA GRANDO.
CURITIBA : ARTE & LETRA, 2016.
132 P.

ISBN 978-85-60499-82-3

1. LITERATURA BRASILEIRA. 2. ROMANCE.
I. GRANDO, VERGINIA. II. TÍTULO.

CDU 82-31

ARTE & LETRA
AL. DOM PEDRO II, 44, BATEL
CURITIBA – PR – BRASIL / CEP: 80420-180
FONE: (41) 3223-5302
WWW.ARTEELETRA.COM.BR – CONTATO@ARTEELETRA.COM.BR

PARA LUIZ, MEU COMPANHEIRO, POR NÃO
DEIXAR QUE EU ME AFOGUE NESSE MAR
EM QUE HABITO

AGRADECIMENTO ESPECIAL:
CAROLINA FAUQUEMONT E LUIZ BERTAZZO POR
AQUELA TARDE EM UM TEATRO VAZIO, PELO NOME
QUE TORNOU ESSE LIVRO PALPÁVEL EM MIM, PELA
AMIZADE E POR PERMANECEREM

PRÓLOGO

"Procura pela manhã estrelas no chão para encontrar flores no céu de fim de tarde."

"I am... I can... and I have...", é o que está escrito no papel amarelado que ela segura firme em suas mãos enquanto fuma um cigarro. Está sentada na janela do quarto, do alto do quinto andar, observando o mundo lá fora. Na pequena vitrola da década de 70 toca *The Boatman's Call* [1]. Em cima da cama, ao lado do laptop e da máquina fotográfica, repousam algumas caixas que guardam fragmentos de suas memórias. Naquele dia, ela decidira digitalizar antigas cartas, fotos, e tudo que pudesse lhe ajudar a entender como chegara até aquele momento de sua a vida – aquele momento onde começava a duvidar dela mesma e do seu coração que talvez falhara ao lhe dizer que ela era uma escritora. "A espera tem dessas coisas", muda o lado do vinil, "faz a gente começar a duvidar de tudo, até mesmo se estamos acordados ou se o mundo não é apenas um sonho de um outro alguém, daqueles cheios de pessoas com rostos desconhecidos e lugares que parecem familiares embora nunca se tenha estado ali antes".

---
[1] Álbum de Nick Cave and the Bad Seeds, lançado em 1997.

Abre a janela do quarto contrariando o céu cinza chumbo. Uma garça passa voando baixo, rente ao vidro que ainda está salpicado de gotas de chuva. Não, não era prosa, muito menos imaginação. Realmente acontecera e ela poderia tê-la tocado com uma das mãos, mas fica observado a distância crescer entre ela e a garça; a garça voando, e ela quase. A distância entre a garça e ela, uma equação matemática, uma alegoria, uma metáfora não fosse isso talvez a resposta. "É, a vida tem dessas...", termina o cigarro e deixa a bituca no cinzeiro que está próximo. Volta os olhos para o papel amarelado em suas mãos. "I am…I can… and I have…", fala alto em um inglês fluente. Quer berrar essas três coisas pela janela, mas desiste.

Carrega aquele papel em sua carteira desde os quatorze anos. Um dia, durante uma aula de inglês, a professora fez uma dinâmica onde cada aluno tinha que completar essas frases e falar em voz alta junto com o que outro amigo havia falado antes. No final, cada um acabava falando algo como: "I am Helena, I can sing and I have a dog. He is Bruno, he can play soccer and he has a car". Era só um exercício comum para fixar os verbos e estruturas gramaticais mas ela travara: não conseguia completar as frases; não por uma falta de compreensão da gramática da língua inglesa, mas porque não conseguia afirmar coisas sobre ela. Tinha só quatorze anos e já sabia do peso das palavras, já pensava em si mesma como um ponto de interrogação no mundo. "Eu estava fadada a ser escritora", o telefone toca, mas ela não atende.

Ainda hoje ela não conseguiria colocar palavras no lugar daqueles espaços vazios. Falar sobre o que lhe falta parece mais fácil. Poderia dizer, por exemplo, "I am not pretty, I can't cry and I haven't got certainties"; ou, traduzindo, enquanto analisa suas olheiras profundas na frente do espelho: "Eu preciso parar de fumar, minha pele está tão seca...", observa os olhos mais secos que a pele, "quando foi a última vez que você chorou?", pergunta a si mesma como se fosse outra pessoa – como se naquele momento ela e o reflexo fossem pessoas distintas, mas a resposta não mente: "não tenho certeza", e qualquer dissociação entre ela e o espelho se desfaz na chama do isqueiro que acende mais um cigarro.

Não, ela não fazia sentido; sabia disso. A maior parte do tempo deixava as palavras escorrerem de sua boca, por seus dedos, tentando achar algum significado. Tentando pelo excesso ou pelo livre fluxo dos pensamentos achar alguma lógica nela mesma. E no final? "E no final penso que pode me faltar o ar, mas nunca o amor", nesse pensamento de morte ao contrário ela encontra paz por um breve momento porque seu coração parece entender algo, se aquieta e cala. Sabia que algo estava prestes a acontecer, que a vida em breve mudaria, que a espera estava próxima do fim. O celular toca novamente, já é fim de tarde. Ela atende.

– Alô?
– Boa tarde, aqui é o Eduardo, da Editora Fonemas. Você mandou o manuscrito de um livro pra gente há umas três semanas?
– Sim.
– Então, nós gostaríamos de marcar uma conversa com você.

A respiração dela para por um instante: era a primeira editora que respondia ao seu manuscrito. Talvez seu coração não a tenha enganado, nem as palavras, nem os excessos, o vazio e a espera.

– Alô?
– Oi, me desculpe. Sim, quando vocês querem conversar?
– Pode ser daqui uma semana, na quarta às 16h?
– Sim, claro.
– Você tem o endereço da editora?
– Tenho, tenho sim.
– Então está marcado.

Pausa. Ela não quer parecer ansiosa, mas está; tenta se conter, mas não consegue:

– Vocês gostaram? Vocês gostaram do livro?
– Tem potencial... Conversamos na quarta, pode ser?
– Sim, sim. Desculpe-me. Até quarta.

Ele desliga o telefone. Ela ainda fica com o telefone suspenso nas mãos por um tempo. "Tem potencial...", não, a espera ainda não terminara, mas havia agora pelo menos uma possibilidade. Mais do que ninguém ela sabia do poder das coisas que se escondem atrás das reticências, pois é lá que moram as verdades. Não tinha medo da verdade, só não gostava desse intervalo de tempo entre algo acontecer ou permanecer sonho, entre o sim e o não, esse tempo que parece se prolongar em direção ao infinito.

I can't cry.

"I remember the first time I sensed being lonely. I was about five at the time, living with my grandmother, and my best friend Art went away with his family. The afternoon loomed long and empty. I missed someone. I was empty. There was a lacking." _ Duane Michals

Seu último relacionamento durou seis anos. Começou com uma menina de vinte e cinco anos e terminou com uma mulher de trinta e um. "Acabou porque tinha que acabar", diz com frequência para sim mesma, "porque virou uma grande amizade e o sexo naquela época já quase não existia mais", e para ela isso parecia um problema: queria se sentir desejada, queria se sentir mulher.

Aos vinte anos via na relação monogâmica o único caminho aceitável, mas depois dos trinta, ela começava a pensar que a monogamia era apenas um dos caminhos: talvez o mais aceito dentro de uma sociedade patriarcal – afinal todo mundo sabe quem é a mãe, mas o pai?, bem isso é outra história. O fato é que após seis anos de relacionamento vertia nela a vontade de uma relação mais aberta, onde ela não fosse uma barreira para o desejo e experiências do outro e vice-versa. Mas, relacionamentos desse tipo começam assim e depois de certo número de anos (conhecendo a pessoa que está do seu lado, como ela pensa) não há abertura para esse tipo de coisa. Então, o relacionamento acabou; mas o amor não: ela ainda o amava apesar da falta de sexo. "Tenho saudades, mas a escolha foi minha", tenta racionalizar o amor que no fundo ainda sente por ele, por Carlos, enquanto escova os dentes. "Saudades é uma coisa esquisita, faz a gente pensar mais a fundo, com o olhar distante e para dentro. Faz a gente exagerar os fatos", pensa neles naquela época e aos poucos percebe que não era no sexo que a fusão se fazia. Deita na cama e apaga luz. Sete dias a separam de um sim ou um não. As pupilas dilatadas encaram o teto escuro e as sombras projetadas na parede. Sexo para ela sempre foi sexo: nunca conseguiu achar o amor no ato. Lembra das manhãs de domingo, quando os dois acordavam e Carlos levantava para ir ao banheiro e perguntava se podia abrir a janela do quarto e ela respondia que sim. Quando ele deitava novamente na cama e a abraçava, ela acomodava a cabeça contra seu peito e podia ouvir o coração dele batendo, preciso. E eles permaneciam ali, em silêncio, olhando para o céu – às vezes azul e em outras cinza – o som do coração, o dele, e a respiração, dela; ali naquele momento eles eram um.

O dia em que tudo terminou foi triste: não desesperado mas foi cheio de silêncios e últimos olhares. "Todo o fim tem um pingo de tristeza por mais conversado e compreendido que seja; e se não há tristeza é porque não é fim: é porque não se tem certeza do que acabou ou do que se viveu", escreveu isso no dia em que ele foi embora. Fecha os olhos para tentar dormir, mas a imagem de Carlos na porta lhe rouba aquele espaço que deveria ser ocupado pelo sono. Após um longo abraço ele saiu pela porta da frente, não sem antes deixar suas chaves sobre a mesa. Ele abriu a porta lentamente e antes de fechá-la olhou para ela uma última vez e sorriu:

– E então – disse-lhe –, o que restou pra você desse tempo de prisão, desse silêncio de seis anos?
– O vermelho – ela respondeu.

Ele fechou a porta e ela chorou por três horas sem parar e desde então não conseguiu mais chorar. Chorou porque o amava e não tinha nenhuma certeza de o porquê das coisas tomaram o rumo que tomaram para ela, mas havia tomado uma decisão e não podia voltar atrás. Algumas lágrimas escapam vez ou outra de seus olhos, mas chorar mesmo, soluçar e se entregar ao choro não, isso ela não consegue mais. Certos momentos têm o poder de se prolongar no tempo e espaço e Carlos fechando a porta é um deles, deixou nela todas as lágrimas vazias.

Três meses depois da separação começou a escrever o livro, esse cuja reunião com a editora serviria como resposta de que talvez tantas perdas e decisões a levaram ao caminho certo. "Para um livro existir, nascer, ele precisa ser lido por pessoas que deem vida às palavras que ali dormem o sono mais profundo, esperando para serem acordadas por alguém que esteja disposto a doar seu tempo para elas, e nada mais", deitada naquela cama de um velho apartamento quase vazio, ela sabia que não queria fama e dinheiro mas que desejava profundamente o diálogo com o outro através de sua dimensão literária: como uma mãe ansiosa em dar à luz, queria que as palavras que foram delas por um momento ganhassem vida através de outras pessoas. "Apertar o botão do foda-se é se tornar invisível", era isso que tinha feito com a sua vida nos últimos anos. Agora, necessitava do outro, do diálogo. Estava cansada da invisibilidade, precisava existir novamente.

Na ansiedade desse nascer literário, de ser reconhecida no mundo novamente, passou alguns rascunhos do livro para uma grande amiga ler e assim ela pôde conversar com alguém sobre esse seu universo tão solitário da escrita. Escolheu uma amiga que não tinha nada de artístico – queria alguém de fora desse meio para ter uma opinião talvez mais crua ou mais próxima de um leitor comum. Sentaram em um café e após alguns assuntos bobos e banais ela finalmente perguntou à amiga o que ela havia achado do que tinha lido.

– Eu gosto – disse ela –, deu para perceber que você tem escrito bastante. – Parou por um momento, tomou um gole de café e perguntou: – Para quem você escreve? Por quê?

Achou a pergunta estúpida e naquele momento se arrependeu de sua escolha. "Devia ter passado os rascunhos para algum amigo artista", involuntariamente pegou o pequeno vaso de flor que estava sobre a mesa e começou a movê-lo como se houvesse um lugar específico para ele repousar a ser desvendado, "seria mais fácil lidar com as comparações e a chuva de referências as quais provavelmente eu só teria algum conhecimento mais profundo sobre a metade... ou até menos que isso", largou o vaso no mesmo lugar que ele estava antes, "talvez, não seja estupidez... talvez seja só inocência mesmo". Houve um momento de silêncio e percebeu o constrangimento de sua amiga com a situação. Respirou fundo e respondeu meio sem pensar apenas usando o fluxo de emoções que se passavam dentro dela naquele momento:

– Não posso responder a tua primeira pergunta porque não sei a resposta... – disse fazendo uma pequena pausa exatamente neste ponto para observar um homem na mesa ao lado que lia alguma história de conto de fadas para a filha de no máximo cinco anos – mas, para a segunda, eu posso te dizer que eu escrevo porque no mundo das palavras foi o único lugar onde eu consegui ter a paixão de um amante com o conforto de um velho amigo ao mesmo tempo comigo, em mim.

A amiga sorriu satisfeita com a resposta e ela chegou à conclusão de que certas perguntas bobas às vezes levam a descobertas honestas. Então hoje, agora, deitada em sua cama enquanto observa as sombras no teto do quarto e pensa na relação de seis anos que acabou pela falta de excitação, de tesão, percebe que o problema maior não era a falta de desejo em si, mas a sua incapacidade de achar o amor no desejo e vice-versa. "Tenho dúvidas se vou conseguir achar isso algum dia, nessa realidade", suspira. Sente-se subitamente em paz, aquele tipo de paz que se experimenta quando tomamos consciência de algo que antes só existia na forma de um aperto no coração. E Carlos fechando a porta: o tempo, o espaço, o vermelho... Dorme, enfim.

DIA 01
I am not pretty

Let's have a glimpse at how it is to be under her skin. She feels things too much. It is like she is always on the verge of falling apart. I know, it sounds desperate, like a burden, except that if she had a choice to be born again that's the only thing she would like to keep: that is her , the falling apart, the almost cracking up, constantly , between every breath. I should be writing in first person, but talking about her is easier; the image in the mirror is somehow always stronger than we are.

VAMOS VISLUMBRAR POR UM INSTANTE COMO É HABITAR A PELE DELA. TUDO É SENTIDO DE FORMA INTENSA: É COMO SE ELA ESTIVESSE SEMPRE A PONTO DE SE DESPEDAÇAR. PARECE DESESPERADO COMO UM FARDO. EU SEI. A NÃO SER PELO FATO QUE SE ELA TIVESSE A ESCOLHA DE NASCER NOVAMENTE ISSO SERIA A ÚNICA COISA QUE ELA MANTERIA: ISSO ERA ELA. O QUASE DESPEDAÇAR-SE. AS RACHADURAS. CONSTANTEMENTE. A CADA RESPIRAÇÃO. EU DEVERIA ESTAR ESCREVENDO EM PRIMEIRA PESSOA. MAS FALAR SOBRE ELA É MAIS FÁCIL: DE ALGUMA FORMA A IMAGEM REFLETIDA NO ESPELHO SEMPRE PARECE MAIS FORTE DO QUE NÓS.

Isso é o que ela acaba de digitar em seu computador. O dia começou devagar, a ideia da reunião com a editora não saia de sua cabeça e uma sensação de vazio no estômago começava a dar sinais de que estava ansiosa. Depois de tomar o café da manhã tentou ler um pouco, mas não conseguiu se concentrar. Colocou *"Tumbleweed Connection"*[2] no toca discos e voltou para as caixas de memória que ainda estavam espalhadas em seu quarto. Abriu uma caixa específica com fotos de infância, se achava triste em todas elas – a tristeza era algo que reconhecia ter nascido com ela. Não era uma tristeza específica, apenas sentia desde pequena a impermanência das coisas, das pessoas e dos lugares. Ou talvez essa sensação de impermanência fosse somente a forma que achou para lidar com o seu sentimento de inadequação. Sentia-se inadequada, é fato: ela em seu corpo e seu corpo no mundo. A impermanência era a única coisa que tornava tolerável a vida: "um dia tudo acaba para recomeçar sabe-se lá como", logo, essa sua dissonância também teria, inevitavelmente, um fim.

Ao contrário da maioria das pessoas ela sabia que não tinha todo o tempo do mundo, que não era eterna. Parecia sempre estar vendo as coisas pela última vez e ao mesmo tempo em que isso trazia uma certa beleza de perceber que a vida está em constante movimento, trazia também, junto

---

[2] Tumbleweed Connection é o terceiro álbum de estúdio do cantor e compositor britânico Elton John, lançado em 1970.

com o momento presente, um sentimento amargo e doce. Não, não estava triste, mas costumava usar as partes tristes que existiam nela na escrita. "As partes felizes sempre me traem…", caminha pela sala sem saber o que fazer, tentando achar o equilíbrio entre seus braços e pernas. Acontece que conforme os anos passavam via que a felicidade estava em outros lugares e não onde achava que estava. Então, ela sabe que foi feliz mas sempre com algum atraso e, dessa forma , provavelmente estava sendo feliz agora. "Às vezes acho a felicidade inquietante; em outras acho que só estou sendo feliz o tempo inteiro", despe-se de seu pijama e caminha decidida a tomar um banho na velha banheira branca.

Enquanto a banheira enche, *"Love Song"* começa a tocar. Cantarola. Dora, sua mãe: Elton John sempre levava seus pensamentos a ela. Ela falecera há quatro anos: um câncer que foi lhe roubando o brilho dos olhos até que neles não restava mais nada a fazer a não ser fechar e morrer. Quase chora por um momento, não pela morte da mãe em si, mas por lembrar do quanto deixou de dizer para ela por besteiras, por achar que sua irmã era mais amada que ela, por ter crescido ouvindo o quanto a irmã era linda desde pequena, "O bebê mais lindo do mundo!", e como ela havia nascido feia, com pelos no rosto e a testa afundada: "Eu rezava pra Deus para que você não ficasse daquele jeito e graças a Ele você foi crescendo e seu rosto ficou normal", dizia a mãe.

A verdade é que a sua irmã mais nova e sua mãe sempre tiveram muito em comum; e ela não. A não ser pelo fato de sua mãe ser sua progenitora, elas não tinham nada em comum. "Mas isso não é motivo para não dizer, para não compartilhar... O amor deve conter também as diferenças, não?", gostaria de ter conversado mais com sua mãe, de dizer que a amava "apesar de". Gostaria de saber que ela, sua mãe, sentia orgulho dela como filha pois no fundo é isso que todos os filhos gostariam de ouvir de seus pais: tanto nas escolhas certas como nas erradas e apesar de todas as diferenças.

Abre a porta do armário e entre as camisetas velhas acha uma cinza que diz "mate-me por favor". Ri sozinha lembrando-se dos alfinetes nas roupas, dos cabelos vermelhos e dos coturnos pretos comprados em lojas de artigos militares. E tinha também as calças jeans de marcas famosas que sua mãe insistia em comprar apenas para que ela rasgasse os joelhos esfregando com pedra-pomes e cortasse o cós fora com uma tesoura. Dora chorava, não entendia – como poderia? – no fundo a mãe dela chorava porque sabia que o mundo era dos jovens. "Onde foram parar os meus vinte anos? Quando foi que meu olhar passou a se contentar com a mediocridade?", veste lentamente a camiseta surrada e vai até o banheiro para sentir e temperatura da água.

Pensa nela mesma, nas roupas rasgadas; pensa em Dora chorando, berrando, na busca de compreensão. Involuntariamente, leva uma das mãos à cabeça, em frente ao espelho do banheiro a quantidade de cabelos brancos como areia escorrendo em uma ampulheta entre seus dedos que ela tenta em vão esconder, pois era tão jovem, sim!, sabia que era, tinha somente trinta e cinco anos mas mesmo assim suas costas insistiam em arquear com um peso que não era dela.

"Quanto tempo levou para que aprendêssemos a andar de pé?", percebe que não, a beleza não é congênita, em nada tem a ver com a juventude ou algum registro cravado em nosso corpo; muito menos com simetrias e a obviedade dos padrões sociais. A beleza, contrariando tudo o que lhe haviam dito e ensinado, podia ser conquistada: assim como o tempo e a liberdade, assim como a existência e a realidade. Então, como uma criança que se reconhece em seu reflexo pela primeira vez, ainda sem saber os limites entre o ser e o eu, sente-se finalmente bonita, sente a juventude impregnar suas veias novamente e decide que aprenderia mais uma vez a andar sem olhar para o chão – assim como já andara uma vez, antes de lhe ensinarem a desviar das pedras. A água morna já quase transborda na banheira. Ela entra e se deixa afundar sem se preocupar com o chão molhado e com o disco riscado na radiola.

Sobre as certezas

Quando era pequena ficava por horas sentada na cama de seu quarto tentando mover a porta com o poder da mente. Às vezes acreditava que era ela a mover levemente a porta e não o vento suave que soprava. Hoje, secretamente, acredita que se pensar muito em alguém essa pessoa vai ligar ou cruzar o seu caminho nos próximos dias. Esse é o seu superpoder, o poder que só ela sabia que tinha, um de seus segredos. Desde ontem não parava de pensar em Carlos. Os dois não se falam mais a não ser por uma troca de e-mails que acontece sempre no Ano Novo. Ele havia se casado com uma antiga amiga de infância que reencontrou um ano após eles terem terminado; ou melhor, de ela ter terminado com ele.

Seu outro segredo era que ela sabia que era péssima nessa coisa de se tornar adulto. "Adultos têm certeza das coisas", e ela nunca tinha certeza de nada. Quando decidia algo geralmente fazia mais por um impulso, um instinto ou intuição, do que por uma certeza. Não se arrependia de ter terminado com Carlos, mas nunca teve certeza. Sentia falta do espaço que ele ocupava em sua vida, gostaria de conversar mais com ele e talvez tentar entender o porquê do impulso (se é que isso era possível).

Decide ir caminhar no parque mas o ar está um pouco gelado demais para o casaco que colocou. As folhas amarelas das árvores não mentem: o inverno está prestes a chegar. Entra em um ônibus que vai até o centro da cidade, "Um café, é tudo que eu preciso", suspira enquanto senta em um banco próximo à porta de saída, "um café e um livro novo para ler", coloca os fones de ouvido e encosta a cabeça na janela.

O ônibus para em um ponto já próximo ao centro. Uma mulher de uns quarenta anos, aparentando mais devido às marcas da vida em seu rosto, entra pela porta traseira carregando sua filha em uma cadeira de rodas. Ela menciona levantar para ajudá-la, mas dois homens o fazem antes. Entre freadas e paradas bruscas a mulher paciente e delicadamente consegue colocar o cinto de segurança na filha que não se move, não interage. Não há sequer um brilho no olhar da menina de cerca de nove anos. Sem se mover, na cadeira, ela mal consegue sustentar sua cabeça direito. "Paralisia cerebral, será?", começa a pular as faixas de música no shuffle e o ônibus para bruscamente em um sinal que muda do amarelo para o vermelho. A mãe se coloca na frente da filha para prevenir que qualquer acidente aconteça. O motorista alheio à mãe e à filha, a mãe alheia a qualquer outra coisa que não seja a filha, a filha alheia ao mundo e ela ali, tentando achar uma música que combine com esse momento todo. "Quem sabe por trás dos olhos sem vida dessa menina não acontece um turbilhão de desejos e vontades que jamais serão decifrados", pula mais uma música, "ou quem sabe dentro dela haja apenas a paz vinda do fato de não haver desejo algum", outra freada e a mãe segura a filha mais uma vez.

Resolve deixar qualquer música tocar e começa a observar a mãe: olha nos olhos dela, a reconhece como mulher, e a mulher sorri. Retribui o sorriso. "Coney Island Baby", do *Lou Reed,* começa a tocar. Algumas pessoas olham para a menina na cadeira de rodas, mas ninguém olha para aquela mulher, somente ela. Nesse momento algumas lágrimas começam a querer nascer em seus olhos enquanto pensa nessa mulher sem nome, a mulher que empurra a cadeira de rodas. A mulher que, diferente da filha, possuía um olhar cheio de vontades, sonhos e desejos, mas que vinham sempre atrás de uma menina, sempre a empurrar alguém. Pensa na mulher, pensa na filha, pensa nela mesma e quase chora, quase.

A mulher ainda olha para ela, um olhar fundo, um olhar que parece mapear cada célula de seu corpo. "Só Deus sabe o que ela leu no meu olhar. Quem sabe um pouco dessa minha inquietação com a realidade, desses meus olhos que buscam o tempo inteiro encontrar algo que faça sentido ou que justifique essa vida toda", não, não sabe o que ela leu em seus olhos. Nunca saberá. Mas quando aquela mãe sorriu para ela sabia que agora, ali, naquele momento, fazia sentido. "*When you're all alone and lonely in your midnight hour*", respira fundo e volta a olhar para fora: o dia cinza, as pessoas na rua, "*And you find that your soul it's been up for sale*", aperta o botão para parar o ônibus. Levanta se despedindo com um leve sorriso daquela mulher e naquele instante, por intuição ou por instinto, sabia que tudo estava certo, tudo estava em seu devido lugar: a menina alheia ao mundo, a mulher atrás da cadeira de rodas, "Coney Island Baby" tocando "*The glory of love*" e ela ali parada, absorvendo os detalhes, respirando. "A eternidade é burra", desce do ônibus mas já sem nenhuma certeza; e sem olhar para trás.

Carlos

Carlos foi o único namorado que teve na vida. Antes dele, só alguns casos que se prolongavam por semanas, meses, ou anos. Alguns entrecortados por hiatos; e em certos momentos mais de um caso ao mesmo tempo: perdeu a conta de quantos foram, mas tem certeza de que três deles foram marcantes.

Conheceu Carlos no curso de francês, ela não conseguiu frequentar por mais de um semestre, enquanto ele finalizou o curso em quatro anos (usando as férias para intensivos). Começaram a namorar um ano depois de se conhecerem. No começo, aquela relação não parecia natural para ela: gostava dele mas queria ser livre. Ele não cobrava nada, ao contrário, incentivava que ambos tivessem suas vidas à parte e não queria saber tudo a respeito dela, assim com ela não queria saber tudo sobre ele. Ela gostava disso, do não saber, do secreto, era uma espécie de combustível para a relação: como se algo sempre pudesse ser descoberto ao acaso, sem pressa e sem força. "Foi uma boa relação", ela folheia um livro aleatoriamente na livraria sem se prender a nenhuma palavra e ainda tentando entender o porquê do fim.

Vai até a seção de língua inglesa, passa a mão por alguns livros e pega um em específico: "*The World Doesn't End*", de Charles Simic. Esquece de Carlos, dos casos, da menina na cadeira de rodas e do frio por um momento. Sorri. Há tempos queria ler esse livro mas nunca encontrava uma boa versão em português, "Se é que existe uma…", abre em uma página ao acaso e lê:

"I was already dozing off in the shade, dreaming that the rustling trees were my many selves explaining themselves all at the same time so that I could not make out a single word. My life was a beautiful mystery on the verge of understanding, always on the verge! Think of it!"[3]

Aquilo era ela, sempre à beira da compreensão, mas sem entender uma palavra. Emociona-se: "Como pode alguém que nem sabe da minha existência me desnudar assim?", pega o livro decidida e se dirige ao caixa. Há uma pequena fila, enquanto espera lê mais alguns trechos. "Charles Simic em inglês? Finalmente!", diz-lhe uma voz, uma voz de homem, uma voz que ela conhecia bem. Olha para trás na fila do caixa e se depara com Carlos. Ali está ele, sorrindo para ela. Seu superpoder funcionara mais uma vez. O sorriso

---

[3] Trecho do livro "The world doesn't end" do poeta sérvio-americano Charles Simic.

dele; tinha esquecido de como aquele sorriso a acalmava. Quase sem perceber ela é invadida por uma lembrança dela chegando em casa, exausta, a alma sugada por um trabalho que só lhe dava dinheiro em troca e nada mais. Então, ela deitava na cama chorando enquanto Carlos a abraçava dizendo que tudo ia ficar bem: "Logo você vai achar coragem para assumir o seu verdadeiro caminho, o livro, e escrever", ele dizia junto com aquele sorriso, o mesmo que ela via agora no rosto dele; e magicamente ela acreditava que de alguma forma torta tudo ia fazer sentido no futuro. "Sim", olha para Carlos, "finalmente", responde soltando o ar de forma prolongada aliviando o peito.

Um silêncio estranho se faz por um segundo. Ele a abraça e ela retribui; a fila anda, mas eles permanecem abraçados. Alguém reclama e ela começa a pagar pelo livro. Carlos a observa enquanto ela coloca o cabelo para cima fazendo um coque – o pescoço longo e fino, a pinta do lado esquerdo, o cabelo sempre meio desleixado, estava tudo ali como ele lembrava. Ela termina de pagar:

– Quer tomar um café?
– Pode ser... Tenho que voltar logo para casa. A Ana está esperando essas folhas A4 para imprimir parte da tese de mestrado dela.
– Ah, tudo bem... A gente pode tomar um café outra hora.

Ela morde o lábio de baixo, costumava fazer isso quando estava sem jeito ou nervosa com alguma coisa e ele sabia disso.

— Você está mordendo seu lábio – sorri.
— É, eu sei – faz uma pausa. – Você sabe...
— Faz tanto tempo, né? Eu não esperava ver você assim.

Já haviam se encontrado algumas vezes depois do fim mas sempre com outras pessoas junto. Depois veio Ana e o casamento dele; a vida que acontece e vai afastando algumas pessoas mesmo a gente não querendo, mesmo com coisas por dizer. Sentiam-se estranhos porque seus corpos ainda tinham registro um do outro: queriam se abraçar, se tocar, mas sabiam que não podiam mais – não como era, não com a intensidade que já haviam experimentado um dia. Carlos pega a sacola com os A4 e os dois saem juntos da loja. Ele abre a porta e ela agradece. Os dois colocam o cachecol ao mesmo tempo, dão risada da situação. Num ato involuntário ela ajeita o cachecol dele que ficou torto.

— Café então? – ele diz.
— Achei que você não tinha tempo.
— Eu disse que não tenho muito tempo, é diferente.
— Tem um há umas duas quadras daqui que eu adoro.

Caminham lado a lado, uma distância estranha onde antes haviam mãos dadas, pele e pulsação. Perdem-se e se traem entre olhares e os registros de seus corpos; o controle, as palavras, aqueles silêncios que pareciam se estender rumo ao infinito onde os dois pensam a mesma coisa ao mesmo tempo: "por quê?" O mundo não há de se acabar um dia; e o amor também não.

Depois do Café

It felt as if one's entire world was one, long Sunday afternoon. Nothing to do. Nowhere to go.

Os dois estão parados na frente do café. Abraçam-se porque sabem que eles haviam terminado há três anos e, somente agora nesse momento, viviam a materialização do fim. Mesmo não querendo ela diz adeus e afasta seu corpo do dele. Ou talvez ela tenha achado que disse porque Carlos ficou ali, parado, olhando para ela como se ela fosse um enigma a ser decifrado. "Eu disse adeus, me desculpe, eu não queria ter dito isso, que tudo terminasse...", pensa em abraçá-lo novamente, mas não o faz. "Eu esperava pelo menos um dia nublado, chuva e guarda-chuvas coloridos voando com o vento forte", e dessa vez tem certeza que pronunciou as palavras, cada uma delas. Carlos ainda está parado, olhando para ela em silêncio até finalmente levantar a mão direita acenando um breve tchau. Os olhos dele parecem marejados; ou pelo menos ela gostava de pensar que eles estavam assim: úmidos, como os dela. Agora é ela que não se move, há uma beleza na distância que lentamente vai se criando entre seus corpos. Então, Carlos para e se vira para ela uma última vez falando alto, pois já está um pouco longe:

— Foi o meu silêncio, não foi?

Sim, o silêncio dele a incomodava naquela época: fosse nas mensagens não respondidas, nos almoços mudos ou na cama durante o sexo. Mas, com o tempo, ela havia se acostumado com a falta de palavras; encontrou no silêncio dele uma espécie de conforto: a tranquilidade de não ter que o tempo todo entre milhões de palavras escolher as corretas.

– Não – ela diz se aproximando um pouco mais dele para não ter que elevar o tom de voz.

– O que foi então? – ele pergunta.

Ela lembra do acordar pela manhã, do beijo e do bom dia: "Quando foi isso?", não, não se lembrava mais, havia acabado muito antes da relação terminar. "Os detalhes" – diz-lhe – "a ausência das pequenas coisas". Carlos compreende o que ela diz, move a cabeça positivamente e vai embora enquanto ela fica ali, parada, observando o espaço que se desenhava até que ele não passasse de um ponto no meio das outras pessoas: nesse momento sente que alguma linha do rosto dele aos poucos já se apagava em sua memória. A pena de um sabiá lentamente flutua no ar pousando quase em seus pés. Instintivamente ela pega a pena e a coloca no bolso. "Os detalhes", pensa mais uma vez, "as pequenas coisas", sai se misturando a tudo que acontece naquela cidade, naquela rua, naquele fim de tarde – ela: um ponto, sem começo nem fim; um detalhe.

Do amor não que não se acaba

Let us not burthen our remembrance with
A heaviness that's gone.
_ The Tempest, Shakespeare

Carlos olha para trás, mas ela já sumiu no espaço. Seus olhos marejados – e ele gosta de pensar que os olhos dela também estão assim nesse momento: úmidos, como os dele. "Qual era a palavra mesmo?", pensa, "Obsequiosa... sim!, obsequiosa. O tipo de palavra que se procura no dicionário", volta a caminhar. O tipo de palavra com significado enganoso. Assim era ela quando a conheceu, assim era ela ainda agora quando a encontrou sozinha após três longos anos. Foi um encontro ao acaso, foi uma conversa curta para o tanto de coisas que ele gostaria de ter dito. Seu corpo se contrai e relaxa conforme uma avalanche de emoções assalta sua mente. "Sonhadora...", sorri ao pensar no adeus idealizado com chuva e guarda-chuvas coloridos ao vento. Era claro para Carlos que ela continuava perdida no mesmo mar de dúvidas e sentimentos, "uma força da natureza", era o que sempre dizia a respeito dela. "Como eu amei essa mulher...", e percebe em seguida, nesse pensamento incompleto, que ainda a ama, mas como sempre, ela já estava longe.

DIA 02
Interlúdio I

Sonhar seria fácil, não fosse pela impossibilidade de fechar os olhos. "Foi só mais um sonho ruim", diz em voz alta tentando se convencer que sim. Erro semântico: sonhos não são ruins; e se são, não são sonhos. O galo canta. Olha para o relógio: 4:44 da manhã, "um número triplo...", suspira. Ontem na volta do café, após o encontro com Carlos, cruzou com 888 algumas vezes. Três oitos seguidos, três vezes prosperidade na China, em grego é o valor numérico do nome de Jesus, fechamento do 444 na escola de mistérios. Ela estudava essas coisas mesmo sem saber se acreditava, mas tudo era material para escrita, para imaginar as possibilidades do mundo, do ser e de existir. "A reunião na editora", lembra do 888 – sim! A prosperidade chinesa – e então sorri ao mesmo tempo em que se repreende, "não, não seja boba".

Andava pensando muito nesses últimos meses, sentido em dobro. Momentos que antecedem pontos de virada são sempre propensos à inércia: a falta de movimento faz o coração transbordar e a cabeça virar um turbilhão, contrariando a aparente frieza dos membros. Não fosse pelo seu olhar talvez a confundissem com uma morta. Nesse período latente, muito ela criava, mas pouco se via. Tudo ainda é verdade de um lado e possibilidade de outro. Falta a forma, existe a essência. "O que será, será?", talvez, olha para a janela. "Para ser, é preciso lembrar," se vira na cama "e para viver é necessário esquecer", fecha os olhos para tentar voltar a dormir. Só mais um possível personagem nascendo. Só mais uma ironia.

Um cachorro late ao longe e junto com ele vem o sono que lhe atinge mais uma vez. Hora de dormir junto com o dia que começa a amanhecer. Junto com o som do ônibus que pega os primeiros passageiros no ponto que, talvez, esteja vazio. O ônibus no ponto vazio perde sua função, perde seu significado. Entre uma piscada e outra seus olhos fecham e sem querer ela entra no ônibus para dar-lhe movimento, para devolver-lhe a sua identidade enquanto palavra e, com sorte, sonhar um pouco.

Sobre a manhã que aconteceu
enquanto ela dormia

"Chove,
o barulho dos pingos na janela.
Uma lágrima escorre,
um passarinho que não voa mais."

Acorda. Veste o casaco pesado por cima da camisola. Coloca uma calça jeans e tênis. Vai até o banheiro e lava o rosto na água fria. Escova os dentes e prende o cabelo em um rabo de cavalo. Pega a bolsa e sai em direção à panificadora do outro lado da rua para fazer do almoço seu café da manhã.

Chove, ainda. As mãos geladas, o ponto de ônibus cheio, as poças na calçada. Sente saudades só não sabe do quê. Um cachorro late ao longe, mas dessa vez quase apagado pelo som do vai e vem dos carros. Um cartão de puta voa do orelhão pousando em seus pés e o final do número é 888. Sente saudades e um nó na garganta. Sente a solidão tocar a pele do seu rosto a cada gota de chuva e em suas mãos frias.

Uma lágrima escorre se confundindo com a chuva. "Se ao menos eu conseguisse me entregar ao choro", lhe parece tão óbvio esse pensamento; não fosse o fato de que o óbvio nunca mereceu muito a sua atenção, até o ponto em que as suas inquietações e angústias se tornaram tão profundas que esqueceu de onde tudo começou, da pergunta fundamental: de qual vazio lhe desesperava, se era o dela ou o do mundo (não seriam eles a mesma coisa?), se gostava de verde ou de azul, e se de vermelho pintava seus lábios para se esconder ou apenas para reafirmar seu desejo provando a si mesma que não!, não estava morta; de que existia ela no mundo e não somente o contrário.

Está cansada de respirar como um peixe fora da água, se debatendo contra o chão duro em vão. Queria explodir num choro sem fim. Um choro óbvio, um choro borrado, tão óbvia é a vida: tão sem significado às vezes eram as palavras que brotavam em sua cabeça e que tomavam forma em folhas de papel branco. "Uma lágrima escorre, um passarinho que não voa mais", o sinal de pedestre abre. Atravessa.

CARTA_01
SOBRE BURACOS E TUDO AQUILO QUE NÃO FOI

"Primeiro veio uma vontade. Não sabia ao certo do que mas sentia que logo esse primeiro impulso se revelaria em uma forma e seria feliz. Seria feliz. Seria. Respirou, pensou em abrir a porta do quarto decidido a fazer tudo ligeiramente diferente: se fumava o cigarro na sacada depois do café, hoje o faria antes; se forçava usar a mão direita para cumprimentar os amigos (e se esquecer um pouco de que era canhoto), hoje ofereceria a esquerda; se usava o elevador, hoje iria pela escada. Pequenas mudanças que aos poucos talvez lhe revelassem algo além da sensação de liberdade que aquela vontade que sentiu ao abrir os olhos lhe provocara; a mesma que sentira antes nas poucas vezes em que se permitira encontrar consigo mesmo. Sabia que a culpa dos desencontros não era do mundo, mas era mais fácil culpá-lo. Decidir, isso sim parecia difícil. Afinal, já não era mais tão jovem: pelo menos achava que não era; ou era o que achava por ouvir tantas vezes o que se fala para as pessoas que já passaram dos quarenta anos. Mais fácil culpar o mundo e o tempo. Ah!, o tempo. Feroz. Um senhor que só caminha para frente, sem freios, que lentamente nos suga os desejos, a força das pernas, o movimento. O tempo era o seu algoz, o culpado por todas as conversas que não teve, todas as viagens que não fez, por tudo aquilo que não conseguiu fazer de si mesmo. Em seu íntimo ele sabia que o tempo não existia pois já tinha sido criança um dia. Mas, agora, já adulto, o tempo se tornava a saída mais fácil: a conformidade com tudo aquilo que queria mas que se sentia sem ímpeto para realizar no meio de tantas outras coisas que não eram assim tão importantes como ganhar dinheiro, cumprir com deveres, manter seu status quo.

Enfim, respirou fundo e abriu a porta do quarto. Sentiu a luz da grande janela da sacada quase cegá-lo por um momento. Uma voz lhe disse "bom dia" e o chamou para o café. Ele disse que iria até a sacada fumar. "Não seja tolo, você sabe que fumar de estômago vazio te faz mal", ela, a voz, mais uma vez. Sim, naquele momento ela já havia se tornado somente uma voz e nada mais. Caminhou até a sacada mesmo assim. Hesitou por um instante enquanto olhava a rua lá fora ainda com a janela fechada. Pensou nas palavras, as palavras, as palavras. Esforçava-se para manter vivo algum resquício da vontade que lhe ocorrera ao acordar. "Vamos, venha tomar seu café", ele guardou o isqueiro no bolso, "está esfriando", lentamente se afastou da sacada, sentou-se à mesa e bebeu um gole de café quente e amargo. Porém, em algum outro lugar, onde a densidade agora já se transformara em vazio, o outro permaneceu ali: olhando a rua pela janela, as pessoas, os carros e em seguida abriu a porta da sacada e acendeu um cigarro enquanto buscava a palavra certa que descrevesse aquilo tudo, aquele todo, o nó engasgado daquele movimento que não se fez."

É assim, honey, essa minha última carta para você: um pequeno texto, uma breve alegoria. É assim que eu vejo você agora, e de certa forma me vejo também: como um movimento que não se fez. Mas nada é em vão, nem mesmo a repetição dos nossos atos no dia a dia. Não acredito que um amor, um encantamento, como esse que senti por você seja possível de se sentir sozinha. Não acredito que ele acabe, mas também não acho que se fará terreno. Não era para ser. Não é para ser. E assim será, seremos, em breve, uma lembrança feliz de algo que poderia ter sido. Costumava pensar em você como o futuro, mas, só agora, enquanto finalizo essa carta, me dou conta de que o amanhã já virou hoje e que agora tudo é passado.

    Com amor,
    G.

> Sempre que chove Tudo faz tanto tempo...
> _ Mario Quintana

Quando criança tinha amigos imaginários que na adolescência se revelaram como uma certa inclinação para os amores platônicos. Dentro dela, desde os 14 anos quando se encantou por alguém pela primeira vez, histórias e mundos surgiram e desabaram com a mesma naturalidade que o sol nasce e a noite chega todos os dias. Alguns amores viraram casos, outros somente *one-night stands*, vários ficaram só na amizade, mas todos viraram cartas em algum momento. Sim, enquanto vivia esses amores escrevia cartas para eles e para elas; cartas que nunca enviou. Então, quando sentia que era hora de ir adiante escrevia uma última carta de despedida e na sequência queimava todas as outras guardando somente a última: era seu pequeno ritual pra que pudesse seguir em frente.

A chuva não dá trégua lá fora. Desiste de fazer todas aquelas coisas corriqueiras que tinha planejado: ir ao banco, ao mercado, cortar os cabelos. As caixas de memória espalhadas no quarto já haviam diminuído, a maioria voltado para dentro do armário. Das poucas que ainda estão por ali, resolve pegar uma pequena caixa roxa com um barbante dourado amarrado em volta. Abre, e dentro dela as cartas empilhadas e amarradas por um laço de renda branco. Estão ali, todas as 27 cartas, as últimas cartas para os amores que não foram. Resolve começar pela última que escreveu há mais ou menos uns quatro anos para alguém que conheceu enquanto ainda estava morando com Carlos: "sobre buracos e tudo aquilo que não foi", lê em voz alta e continua a carta em silêncio.

A carta a faz pensar nele, na pessoa em quem se inspirou para escrevê-la. Ele, apenas mais uma pessoa que passou em sua vida não fosse pela frequência que se pegava pensado "e se?". Ou talvez a frequência fosse pelo simples fato de que nenhum outro encantamento se fez depois dele. Restou-lhe, desde então, somente o fim de sua relação com Carlos, o seu livro e as mãos sempre frias. Sentia-se inapta ao amor nesses últimos três anos. Nem o sexo pelo sexo a atraía mais como antes. Como gostaria que essa carta fosse somente sobre ele, mas relendo agora, percebe que esse texto é muito mais sobre ela. "Não tem como ser diferente quando entramos no território daquilo que vivemos sozinhos, naquele espaço ocupado pelas coisas que estão quase na matéria, mas que não são vividas pelo simples fato de que nunca foram ditas por medo: medo das palavras erradas, ou talvez porque as palavras se tornassem limitadoras", pensa tão alto que quando percebe as últimas palavras são sussurradas.

Gentilmente dobra a carta e a coloca novamente no envelope. Menciona começar a ler uma segunda carta, mas as buzinas dos carros lá embaixo lhe tiram o foco. O apartamento antigo de noventa metros quadrados hoje lhe parece mais uma cela. "Queria respirar livremente, queria...", a ligação da editora, a possibilidade de ter o primeiro livro publicado lhe causa um misto de alegria e medo. Medo, mais uma vez. Medo de descobrir que pela primeira vez estava certa e de que não estava sendo somente inconsequente. Medo de descobrir que talvez tenha algum talento ou o contrário, que jogou tudo para o alto a troco de nada – como tem ouvido de tanta gente nos últimos tempos. Na verdade, essa última opção seria mais fácil de aceitar; afinal, existe nela uma coleção considerável de fracassos o que, de modo algum, a faz uma pessoa infeliz. Sempre achou que o sucesso é supervalorizado. Fracassar, admitir o fracasso – continuar de cabeça erguida acreditando que uma hora a coisa se acerta – e, acima de tudo, não se render àquele caminho que todo mundo espera de você, isso sim requer grandeza e talvez uma certa inocência. "Prefiro a grandeza ao sucesso", abre a janela.

As buzinas continuam. Parece que aconteceu algum tipo de acidente lá embaixo, o barulho da ambulância fica cada vez mais alto. Uma fila de carros desesperados se forma. "Pra que tanta pressa meu Deus? Pra que tanta pressa?", força a vista do alto do quinto andar e consegue ver um motoqueiro caído no chão. Os carros buzinando, o motoqueiro caído – talvez até morto – e os carros com pressa. Pensa no motoqueiro estendido no chão: se tem família, filhos, o que ele pensou nesta manhã ao acordar, se ele também tinha pressa ou se alguém o amava. Se alguém o amava: isso era importante.

"A gente sai de uma fila e cai em outra", a vida corre, o tempo passa... pequenos buracos se criam. Os paramédicos começam a prestar atendimento ao homem estirado no chão, retiram com cuidado o capacete. "Será que ele amava alguém?", as buzinas, as buzinas, as buzinas. "Que cidade é essa que vive com tanta pressa?", às vezes chegava a duvidar de que podia haver amor naquele lugar, nessa cidade grande que corre para além do horizonte; onde pessoas podem viver uma vida inteira sem nunca se cruzar ou precisar percorrer um mesmo caminho novamente. Pessoas que caminham com mais pernas do que olhos, mais palavras que ouvidos. Uma espécie de monólogo onde só existe o eu, e o outro? bem, o outro só quando é apropriado ou inevitável como era o caso lá embaixo.

O motorista do carro que bateu no motoqueiro fala e gesticula, caminha de um lado para outro. Uma mulher o abraça, o conforta. "Sim, existe amor nessa cidade. Ele deve nascer dentro dos carros, nas filas, no concreto. Silencioso entre as buzinas e o excesso de alguma coisa que já não sei mais", a fila de carros começa a andar desproporcional ao tempo, "A eternidade é burra…", suspira, "estou me repetindo".

O motoqueiro é levado para dentro da ambulância. A mulher ainda abraça o motorista do carro que parece chorar. Um policial se aproxima dele. O amor definitivamente acontece nessa cidade: ele dura minutos, no breve espaço de silêncio entre olhares que se cruzam para no momento seguinte se perderem para sempre. "Sim, a eternidade é burra e também cruel. Não há pressa na morte", fecha a janela. Anoiteceu.

Há estrelas no céu da noite

A rua está calma, é uma noite ligeiramente fria e a chuva que parou há algumas horas deu lugar a um céu aberto. Não tinha planejado sair, mas um velho amigo, Michel, ligou para saber dela. Depois de quase uma hora no telefone resolveram se encontrar para uma cerveja no velho bar onde costumavam ir em meados da década de noventa e que hoje virou uma espécie de café.

Ela para no ponto de ônibus e fica olhando a rua: ainda há sangue do acidente do fim da tarde no asfalto. "Não gosto de sangue", a imagem do motoqueiro ali ainda assombra sua mente. Olha para o céu limpo, sem nuvens, com uma lua quase cheia que bravamente insiste em demarcar o seu território entre tantas luzes e prédios. "Quando eu era pequena sempre queria voar, não me conformava com o fato de que não conseguia fazê-lo", ainda hoje sonhava com frequência que tinha asas e quando alçava voo era sempre de noite, sempre entre as estrelas. Um casal passa brigando e ela volta seu olhar para rua. Não gosta do que vê, gosta menos do que ouve. "Nenhuma mulher deveria ser chamada de cadela", o sangue ainda está ali marcando o asfalto.

Passa um ônibus, mas não é o dela. Seus olhos buscam o céu novamente. A respiração acalma e ela quase esboça um sorriso. "Que poder é esse que o céu das estrelas tem sobre mim que quanto mais eu olho menos medo me causa a morte? Não só a morte do corpo, mas principalmente as pequenas mortes do dia a dia", se refere àquelas que acontecem a cada vez que decidia ir para a esquerda e não para a direita, dizer e não dizer, viver e não viver. "Os buracos...", volta a pensar nos buracos e no vazio que essas pequenas mortes lhe causam, no tecido invisível de sua vida. Assim, quando olha para o céu em uma noite escura e encara o preto, o véu da noite, encontrando lá no fundo o brilho de uma estrela, pensa nela como um buraco no céu, como o brilho de uma estrela que possivelmente nem existe mais: "e nesse momento tenho menos medo da morte". Um ônibus para no ponto. Ela se assusta ao perceber que havia chegado mais gente ali. Rapidamente lê o nome da linha na placa lateral do ônibus e entra correndo, contrariando o motorista que já começava a fechar a porta.

Michel

O café já não está tão cheio. Michel está falando entre pausas cada vez maiores, uma mistura de sono e bebida. Estão sentados um ao lado do outro. Ela remexe em sua bolsa procurando algo, está atrapalhada: efeito das cervejas intercaladas com doses de saquê, assim como fazia nos tempos da faculdade. A carteira, o celular, cigarros, isqueiro, um caderninho de anotações junto com uma caneta caem no chão. Ela se abaixa para pegar e bate a cabeça na mesa. Michel dá risada, vai tentar ajudá-la mas faz o mesmo. Os dois dão risada. Michel pega a carteira de cigarros e passa para ela.

— Você deveria parar de fumar...
— Lá vem você, desde os tempos da faculdade tentando me converter em uma ex-fumante.
— Pro seu bem, não quero te visitar no hospital com um câncer no pulmão.
— E quem disse que eu vou morrer de câncer no pulmão? E se isso acontecer pode deixar que eu me jogo pela janela antes. Eu sempre quis voar, seria uma morte digna, — termina mais uma dose de saquê e encara Michel — morrer tentando materializar o sonho.

Michel olha para ela sério e a abraça. Não gosta do que ouve, não gosta do tom da conversa. "Olha pra gente, falando sobre morte e voar pela janela no mesmo bar dos tempos da faculdade", ele a solta. "O que aconteceu? A gente costumava saber de tudo". Ela bebe mais um gole de cerveja. Pensa em uma resposta, não percebe que o tempo que correu foi maior do que o seu pensar:

— Sempre e nunca são coisas, palavras, que pertencem à juventude: aos trinta e poucos anos a única certeza que a gente tem que ter na vida é que o coração ainda bate no peito — ela levanta o copo de cerveja sugerindo um brinde.

Michel sorri. Bridam. Depois de um breve silêncio ele beija o rosto dela, um beijo demorado, "eu amo você", e mais um gole de saquê. Ela segura uma das mãos dele, dá um beijo na palma e a fecha segurando contra seu peito. Michel bebe toda a cerveja que resta de uma vez só. "Me diz porque a gente não deu certo lá atrás?", ele bate o copo contra a mesa mais forte do que queria. Ela respira fundo. Quer fumar um cigarro, menciona acender um, mas se lembra que agora é proibido fumar em locais fechados. "Merda de politicamente correto", guarda o isqueiro no bolso, "sair à noite e voltar sem cheiro de cigarro para casa não é sair". Ele concorda. A verdade é que dos três casos marcantes que ela teve, no meio de tantos outros insignificantes, Michel foi um deles. Ficaram juntos por quase um ano e meio em uma amizade colorida que acabou quando ele perguntou "o que acha da gente tentar morar junto?", e ela não respondeu, mas no mês seguinte arrumou seu mochilão, juntou suas economias, e partiu rumo à Índia, onde ficou dez meses morando em um Ashram: meditando, e aprendendo sobre o silêncio. Michel deixou que ela fosse, achou menos doído aceitar a falta de resposta do que receber um não.

– Eu ainda me lembro do que você me disse lá atrás quando me levou no aeroporto – ela quebra o silêncio.

Michel começa a mexer em um guardanapo na mesa, se arrepende da pergunta que fez. Aceitar a falta de resposta era seu escudo quando se tratava dela. "Eu estou deixando você ir não porque eu te amo menos mas porque eu te amo mais", ela se emociona repetindo aquelas palavras dele. "Continua sendo verdade", os olhos dele se fixam nos dela. Sorriem. Michel pede uma última dose de saquê para os dois. Eles bebem juntos, quase virando todo o líquido para dentro da boca de uma vez só na tentativa de afogar aquele assunto que ressurgira. Mas não dava, ela lhe devia uma resposta. Sabia que devia, que não era certo. Hoje entendia que reticências são hiatos poderosos: capazes de suspender pensamentos e sentimentos por uma vida inteira. Ela olha para ele, suspira fundo:

– Eu tinha medo.
– Medo do quê? De não dar certo?
– Não... Medo porque eu sabia que ia dar certo demais. Eu tinha só 22 anos: ninguém quer uma relação perfeita aos 22; seria trágico.

Michel entende o que ela está dizendo. Ele sempre conseguia perceber a dureza da solidão na qual ela vivia através desse tipo de pensamento torto que ela soltava assim, como se fosse uma pequena verdade, e que era uma verdade, só que sobre ela. Começa a tocar Generationals, *When they fight, they fight*. Ela começa mover o corpo ao som da batida. Michel levanta e a pega pelas mãos. Os dois começam a dançar. Ela rodopia, eles se abraçam, dão risada, cantam o refrão um para o outro. Enquanto dançam em um bar quase vazio, sem se importar com resto do mundo ou com o passado que não foi, ambos entendem que as imagens, as lembranças, não nos abandonam, mas, ao contrário, permanecem. O que é belo, é belo sempre. O que é excelso e genuíno desconhece o tempo. Os dois desconheciam o tempo: se amariam para sempre sabendo que teriam dado muito certo; e que isso não os impedia de serem bons amigos.

DIA 03
Interlúdio II

Frequentemente sonhava que morava em um teatro antigo e vazio. Na sequência, imagens e sons de um carrossel com mais duas crianças e o fragmento de um gramofone girando acompanhado de uma música e um choro: alguém havia partido para não voltar; alguém de quem ela não se lembrava mais (se é que existiu um dia). Acordava engasgada, sufocada, e é assim, dando um pulo na cama e levando o ar com força para dentro dos pulmões, que ela acaba de se levantar às 3h15 da manhã. "O que esperar do dia quando a gente já acorda sem ar?", esse foi o primeiro pensamento que lhe ocorreu antes mesmo de abrir os olhos.

Vai até o banheiro. Na madrugada o banho é longo: a água quente contra a pele branca. Há uma janela, mas a cidade sumiu atrás de uma grossa neblina. Enrola-se na toalha e caminha até o espelho, "será possível que a mesma neblina que não me deixa ver meu reflexo no espelho sumiu com a cidade lá fora?". Veste a camiseta novamente e vai para cozinha fazer um chá na tentativa de esquecer a sensação de vazio que ainda pairava dentro dela como um teatro antigo, "sim, o teatro, o teatro, o teatro, o significado, a repetição até a exaustão", toma um gole de chá, "o vazio". Um teatro abandonado, antigo e vazio onde até o silêncio é capaz de produzir um eco: onde a forma é esmagada por paredes com pinturas apagadas de rostos desconhecidos e madeira podre; e tudo que tenta em vão ser encenado é um exercício sufocante de uma tautologia arcaica, cujos pilares só mudam de nome debaixo de uma camada de mofo, razão, medo e esperança. "Alguém partiu...", as luzes da janela desfocadas pelo vidro suado. Um cigarro. Um gole de chá. E entre uma coisa e outra: a esperança.

Um sonho bom

A change in the weather is known to be extreme
But what's the sense of changing
horses in midstream?

_Bob Dylan

Nesse sonho tudo parecia mais perto: não existia nenhuma separação entre ela e ele, entre eles e o mundo. Cada detalhe parecia querer lembrá-la de quem ela era ou de quem poderia ser: ela era a nuvem que se transformava em um dragão, o assassino correndo atrás dela mesma e o amante que a girava no ar bem no meio do pátio da antiga escola onde estudou quando era só uma menina. Cada elemento construído para ela, por ela. Acorda com um sorriso no rosto e uma imagem na cabeça: um garoto ruivo andando na praia acompanhado de um cachorro azul. O garoto está feliz, ele a chama. Ela está feliz; não só no sonho, mas agora, enquanto repassa essa imagem na cabeça.

Abre a cortina do quarto e deixa a luz do sol invadir as paredes brancas, lembra que existiu de verdade um garoto ruivo certa vez, há muito tempo, andando com o seu cachorro coberto de tinta azul numa tentativa boba de subverter a realidade. "O garoto estava feliz, eu estava feliz", os dois caminhando juntos na areia, assistindo o cachorro se transformar em branco novamente na água do mar. É inundada pela sensação de déjà vu de que ela e aquele menino ruivo já haviam sido amantes em uma vida passada, numa outra realidade. Nessa outra vida eles casaram e tiveram filhos: envelheceram juntos, amaram-se até o fim. Sentia uma paz ao lado dele, era como se tivesse encontrado um lar. "Isso não foi um sonho, é uma memória", admite enfim. Sente-se leve. Deixa a alegria invadir seu coração por um instante, deixa a imagem daquele menino ruivo transbordar nela até que o momento se vai, vira uma memória novamente, se confunde com um sonho: o garoto ruivo não está mais ao seu alcance. Lembra do nome dele, pronuncia alto para não esquecer: " Matthew...", sorri, "Matt e a sua blusa roxa", aquela blusa de lã roxa que ele insistia em usar fazendo com que seu cabelo parecesse ainda mais vermelho. Durou muito pouco, terminou há muito tempo. "Quase uma outra vida", percebe que é hora de encontrá-lo novamente. Pensa em partir, começa a sonhar novamente com outros lugares. Está cansada. É tempo de mudança.

> There was a blue dog once: em caneta azul, o registro que ficou no papel.

In my dreams everything is closer: there's neither you nor I, neither it nor them. I am everything. Every detail reminds me of who I am or could be: I am the cloud that becomes a dragon, the killer running after me, the lover spinning me around in the middle of an old school patio; every single element under my creation. I wake up with this image in my head: this fragment of a dream where a red-haired boy takes his dog, all painted in blue, for a walk by the sea.

It's a beautiful image, full of joy – the boy was so happy. I open the curtains and as the day light hits my bedroom I remember that there was a boy once, walking his dog covered in blue paint because we both, together, had painted it blue in a silly attempt to subvert reality. Yes, the boy was happy, yes, we were happy; walking on the sand and watching the blue dog turning into white again between waves. "This is not a dream, it's a memory", I finally understand. For a minute there, standing alone in my bedroom, staring at the white ceiling, I remember who I am and then, suddenly, that moment is gone: it also turns into a memory as I am me and you are you again. The distance between the bodies. The lack of purpose in putting hearts on hold: all this wise game of words wasted as an excuse to disguise fear. But the love felt then remains, like a tiny pain in my heart that only aches when the rain drips from red roofs while a sad boy looks through the window and I become him: longing for things that can't be measured by time or space but only by the dance of a yellow leaf as it falls on the ground.

Houses are memories kept alive by time

"*Não ouço o farfalhar das árvores essa noite. Não há nada além do som dos carros ao longe, desaparecendo e deixando a cidade deserta. Meu corpo quase nu sobre a cama sente o suor escorrer como pequenas gotas de orvalho que se movem de uma pétala para uma folha até finalmente tocar o chão. O barulho dos carros ao longe... Penso que estar sozinha é diferente de estar só: o primeiro é permanente e o segundo é apenas um momento.*

Outro dia, enquanto estava só sentada na escada da frente da antiga casa onde cresci, olhava a paisagem da rua contemplando tudo que lhe faltava: as casas demolidas que deram lugar a uma grande loja, o pinheiro que ficava no quintal da casa da frente (eu amava aquele pinheiro, especialmente nos dias de tempestade com o céu chumbo), a velha casa de madeira branca e azul marinho com sua varanda de chão de cimento queimado vermelho. Tudo estava ali, vivo em minha memória, junto com moradores que partiram, se mudaram e morreram. A vida aos poucos vai se tornando uma estranha fusão do que é e do que foi, como se esses dois mundos coexistissem em um mesmo espaço de tempo. "Qual deles é real?", não saberia dizer...

Um passarinho se moveu de um galho para outro, um gato que o observava atentamente se aproxima da árvore em movimentos calculados enquanto uma mulher passa na rua se escondendo do sol atrás de um guarda-chuva rosa grená. "E se a vida fosse contada através dos movimentos e não do tempo? O movimento entre o passarinho e as folhas, entre o gato e a árvore, a mulher e o seu destino. O movimento entre o acordar e o adormecer, o ser e o reconhecer, o amor e o contato", alguns cães latem em conjunto e estou de volta ao quarto. Noite. Silêncio. "Porque as folhas das árvores estão tão quietas?", o suor escorre umedecendo a cama. "Quem consegue dormir com esse calor, meu Deus?", vou abrir a janela – mas a janela já está aberta.

Escreveu esse texto logo após voltar da última visita a casa de seu pai, Antônio. Ele mora em uma cidade que fica a pouco mais de uma hora de carro da capital onde ela mora. Era verão na época e fazia calor, um calor muito maior do que qualquer outro verão do qual ela tinha lembrança. É um texto escrito à mão em meio a alguns desenhos: um guarda-chuva, um passarinho, espirais, penas e estrelas.

Hoje pela manhã, após a súbita alegria que invadiu seu coração, ligou para o seu pai e decidiu visitá-lo. Começava aos poucos a se sentir mais leve. A vontade de voar para novos horizontes que florescia em seu coração e o inverno que se aproximava lentamente mostravam para ela que era hora de rever seu Antônio: e junto com ele a velha casa onde morou até os 15 anos quando seus pais se separaram e ela foi morar novamente na capital com sua mãe. "Casas são lembranças mantidas vivas pelo tempo", fecha o velho Moleskine e o coloca na bolsa. Pega uma mochila amarela que está em cima da cama, a chave do carro, e sai.

Antônio

De menino sempre gostou do céu, queria mesmo era viver no espaço. A mãe frequentemente tinha que resgatar o pequeno Antônio que dormia no jardim a observar as estrelas. Devorava histórias em quadrinho sobre homens do espaço e todo o tipo de livro que falasse sobre as galáxias e estrelas distantes. Sentia-se parte do universo, um átomo a dançar nesse constante expandir, sentia que esse infinito impossível de mensurar pelo homem vivia dentro dele também.

Decidiu cursar Física na faculdade e se emocionou aos 19 anos quando viu a imagem da Terra vista da Lua pela primeira vez. "Um dia serei eu a pisar lá!", falou com tanta convicção que seu pai deu risada da ousadia do garoto em pensar que poderia. A mãe repreendeu o pai, "Deixa o menino sonhar, homem," falou em um tom ríspido. "Melhor sonhar do que viver confinado na amargura de achar que tudo é impossível". Antônio sorriu para a mãe enquanto o pai com o garfo suspenso no ar engoliu a comida contrariado.

Ainda na faculdade Antônio conheceu Dora em um jantar na casa de um amigo em comum. Ao contrário dele, Dora não se importava com as estrelas, mas queria tudo do mundo, desse mundo que ela conhecia. Ela era uma moça bonita, cabelo de um loiro acobreado que parecia soltar faíscas, gosto refinado. Adorava teatro, cinema e música: não tanto pelo lado artístico, mas pelo glamour que ela achava cercar o universo das artes. Trabalhava como vendedora de roupas em uma boutique chique com a certeza de que um dia seria ela a entrar ali e comprar aqueles vestidos que vendia.

Quando Antônio viu Dora entrar com seus cabelos cor de fogo ele pensou no sol, sentiu-se naquele momento o infinito e não tinha nada a fazer a não ser falar com ela, girar ao redor daquela mulher para sempre. Dora se encantou com o ar tímido e sonhador de Antônio, achou romântico aquele papo todo sobre o céu e, muito embora não visse nele o homem que idealizara para sua vida, acabou se casando com ele.

Os cinco primeiros anos foram felizes: mas, aos poucos, a vida em família cansava Dora. Sempre quis tudo do mundo e, no entanto, ali estava ela: uma dona de casa, mãe, casada com um homem que já não a encantava tanto. Antônio fazia tudo por ela – e ela reconhecia isso – mas quando pensava na vida que vivia sentia como se não fosse ela a vivê-la mas uma versão mal acabada de si mesma. Então veio uma proposta para Antônio trabalhar no único laboratório astronômico do estado em uma cidade de porte médio que ficava a uma hora e meia da capital onde moravam.

Antônio estava feliz, iria dar aula de física para alunos do segundo grau e ainda poderia observar as estrelas de perto como sempre quis. O sonho de pisar na lua já tinha ficado para trás há muito tempo porque agora tinha suas duas meninas para criar e uma mulher para amar. A mudança para uma cidade menor nunca foi bem aceita por Dora. Mas, com uma filha de seis anos e outra de três ela não tinha muito o que pensar na época. Odiava tudo a respeito daquela nova cidade: a terra vermelha, o pó, a falta de acesso à cultura e de lojas bonitas para ver as vitrines. Acima de tudo, odiava a cabeça fechada daqueles moradores: talvez não fossem, muito provavelmente não eram, mas era assim que Dora os via antes de chegar lá e não deu muita brecha para que uma mudança de ideia se manifestasse.

Os anos passaram com Antônio cada vez mais feliz, ensinado as meninas sobre as estrelas, o nome das constelações, correndo pelo campo e dormindo no jardim com as filhas nas noites de verão. Ao mesmo tempo as idas de Dora à capital se tornavam cada vez mais frequentes e longas até que as brigas começaram. Antônio se esforçava para agradar a esposa, mas quanto mais ele a tratava bem, a amava, mais ela berrava que estava infeliz e se afastava. E ele continuava tentando: afinal, tinha desistido de pisar na lua por ela. Nunca pensou que uma mulher tão linda e inteligente como Dora poderia amar um cara como ele: mas aconteceu, e para ele isso era o mesmo que estar vivendo contra a lei da gravidade; flutuando no espaço.

Lutou por Dora como pôde e fingia não ver o que estava acontecendo debaixo de seu nariz. Nove anos se passaram e quando Dora anunciou que estava indo embora para capital e levando as filhas com ela, ele disse "tudo bem, eu arrumo um emprego lá e vou com você", mas Dora disse não. O problema já não era só aquela cidade. O problema era que Antônio também se tornara pequeno demais para ela e em seu coração agora vivia um outro homem – que ela conhecera há mais de dois anos e com o qual pretendia se casar e ser feliz.

O golpe foi demais para Antônio que permaneceu morando na mesma cidade, na mesma casa, sem nunca mais se casar, namorar, ou desejar sonhar que um dia teria o sol ao seu alcance novamente. Aceitou a gravidade da Terra, passou a se dedicar cada vez mais à leitura, ao cultivo do jardim de sua casa (que virou quase um ponto turístico da cidade) e a tocar seu violão no qual fazia pequenas composições. As estrelas foram ficando para trás junto com o seu corpo jovem e seus cabelos castanhos que hoje são de um branco acinzentado. Vez ou outra Antônio ainda olha para o céu da noite, e seu coração dói, e ele pensa na lua com seus pés cravados no chão. Chora abafado como se quisesse esconder o choro de alguém até se dar conta de que está sozinho e que Dora morreu; muito embora ele ainda possa vê-la entrar na sala de jantar na casa de seu amigo, os cabelos cor de fogo, e o infinito, o infinito, o infinito.

Dora

Há cerca de um ano suas manhãs tinham um rigor espartano: acordava, tomava o primeiro remédio meia hora antes da primeira refeição e então cortava a couve que batia no liquidificar com água, gengibre e abacaxi para evitar que a anemia voltasse. Comia, tomava banho, preparava o café das meninas e de Antônio, se despedia deles no portão e observava o carro até que sumisse na esquina. Todo esse cerimonial tomava uma hora e meia de suas manhãs e o resto do dia ela passava a andar pela casa, pelo jardim, pensando em como já tinha sido jovem e bonita. Lembrando de que um dia tinha sonhando que seria uma artista de televisão, que usaria vestidos bonitos de seda e que teria tudo do mundo: tudo o que ela desejasse dele.

Havia ido dormir tarde na noite anterior. Seis horas da manhã e o despertador insistia em tocar. Levantou; apenas seu corpo porque o resto dela ainda estava ali, deitado na cama. "Uma hora e meia do meu dia é pouco tempo comparado às outras dezoito horas em que passo tentando desviar dos espelhos por não me reconhecer atrás dessas linhas finas que começam a marcar meu rosto", pensava enquanto lavava as folhas de couve naquela manhã em que decidiu se dar mais uma chance. As quatro horas que sobravam era o tempo em que dormia, onde tudo parecia mais vivo, mais perto e mais livre. Essas quatro horas de sono eram o tempo que tinha para ser honesta com ela mesma, para viver todos os sonhos e amores possíveis e impossíveis e ser feliz. Ela amava suas filhas, gostava de Antônio (não mais com a paixão do começo e sim como um velho amigo), mas nunca pensou que sua vida seria resumida a duas palavras: mãe e esposa. Sentia falta da mulher, dela mesma, daquela que um dia se chamou Dora. Enquanto pensava nessas coisas e no sonho da noite passada é tomada de súbito pelo riso: sem perceber estava colocando arroz no suco de couve ao invés do abacaxi. "Tudo bem, os tupperwares são praticamente iguais", se convenceu enquanto ia aos poucos tentando conter o riso.

A verdade é que o arroz no suco de couve era a materialização de seu cansaço, era a materialização de seu medo constante de que as coisas nunca acontecessem, ou melhor, de que o tempo havia virado uma moeda de troca valiosa: pagava pela possibilidade do sonho dos outros com a sua vida. Mas a sua vida não mudava, e do seu sonho já não se lembrava mais ao certo. Não tinha medo do fracasso; não, não era esse o problema – em sua vida o "não" sempre levou uma vantagem considerável em relação ao "sim". O problema é que depois de tanto tempo, ou tanta vida, já não sabia se o sonho que sonhava era o certo. Seu maior medo era que tudo fosse em vão: assim como apesar de toda a rotina e cuidado calculado com a alimentação, a cada exame de sangue, lá estava a anemia escondida junto com uma glicemia descompensada.

O riso aos poucos foi dando lugar a uma angústia que lhe tomava as mãos e com força começou a pegar punhados de arroz que jogava cada vez mais forte para dentro do liquidificador. Pensa na resposta, queria a resposta, mas a pergunta era como um vapor sem forma que desaparecia no mundo sutil deixando somente um rastro, uma sensação impossível de ser racionalizada. Ligou o liquidificador e enquanto observava o branco se misturar com o verde já não sabia mais nada, nem uma única certeza pairava em seu coração. Deixou seu corpo desabar no chão da cozinha e chorou, sem saber o porquê, sem pensar em motivos: simplesmente por chorar.

Há dois anos Dora havia conhecido um outro homem durante suas viagens cada vez mais frequentes à capital com o pretexto de visitar seus pais. Um homem que parecia disposto a amá-la, não como mãe ou esposa, mas como mulher. Um homem que talvez pudesse ajudá-la a se lembrar de quem ela era e de tudo que um dia sonhara acordada. E ali, enquanto chorava no chão, com o liquidificador ainda ligado, decidiu que ia abandonar Antônio e que levaria suas filhas com ela. Sabia que um dia Antônio a perdoaria pelo que estava prestes a fazer, mas tinha dúvidas se suas filhas um dia a compreenderiam – principalmente a mais velha. Mesmo assim, a decisão estava tomada; não tinha mais volta.

Dora limpou as lágrimas e sorriu, seus ombros relaxaram e uma leveza trespassou seu coração: por mais errado e incerto que o futuro lhe parecesse naquele momento, se sentia viva novamente. Levantou e desligou o liquidificador. Jogou a mistura de couve e arroz na pia da cozinha e enquanto a água escorria pelo ralo levando aquela pasta verde embora, Dora olhou pela janela e percebeu alguns brotos surgindo nas árvores, indicando que em breve o inverno iria acabar – que tudo aquilo que foi acumulado e sintetizado no interior da terra durante os longos meses de frio viria para a superfície; e floresceria mais uma vez, pois assim é a natureza de todas as coisas vivas.

Do lugar onde estou já fui embora
_Manoel de Barros

Quando ela chegou na velha casa de sua infância seu pai já a esperava com o almoço na mesa: macarrão ao molho sugo e salada. "Fui eu mesmo que fiz a massa e o molho é com tomate colhido do quintal: seja bem vinda, minha filha", Antônio a abraça e ela lembra do amor que sente por aquele homem, por aqueles braços já envelhecidos mas que ainda a fazem se sentir protegida contra tudo o que acontece lá fora. Seu pai, o homem das estrelas, o homem que quando aos cinco anos ela disse que queria voar, retrucou no mesmo instante que ele a ajudaria a construir as asas. Comeram, conversaram e enquanto lavam a louça seu pai lhe conta sobre a nova música que estava compondo e do livro de jardinagem que está quase terminando de escrever.

– O jardim está lindo, pai. Mesmo no outono ainda tem flores. Como é que o senhor consegue? – começa a enxaguar os pratos.

– O segredo é ter um pouco de tudo. Respeitar a lua, as estações e o que cada uma traz de melhor.

– Por falar em lua, será que a gente consegue ir ao velho observatório hoje de noite? Vim pensando nisso a viagem inteira.

Ela sorri para Antônio com aqueles olhos de "por favor" e nesse exato momento ele vê nela a menina e não a mulher que ela se tornara. Sabia da mulher que jogara tudo para o alto para correr atrás do que realmente acreditava. Tinha orgulho dela por não escolher o caminho mais fácil. Enxergava além do sorriso e olhar de menina, a solidão daquela mulher, sua filha, e entendia algumas das feridas que ainda sangravam dentro dela, porque eram suas feridas também. Não sentia culpa pelos filetes de sangue que ainda escorriam nele, mas faria qualquer coisa para estancar qualquer gota de sangue vivo que ainda pudesse insistir em deixar o corpo dela. Noites de verão com as meninas no jardim, noites em claro sem saber por que o bebê em seu colo chorava – "apenas por existir, talvez?" –, Dora preparando o café da manhã, a distância entre eles pelo espelho retrovisor do carro até virar a esquina, asas de fada, "eu não estou feliz", estrelas, explosões solares, as suas mãos sujas de terra, todas essas imagens e sensações se teceram dentro dele num rompante, sem uma ordem lógica, para em seguida virar vapor enquanto via nos olhos da filha a menina pedindo "por favor, pai".

– Já faz mais de cinco anos que não vou lá... De noite então, faz muito tempo – responde, enfim.
– As estrelas te fazem lembrar dela, não é?

Ela solta os pratos e encara o pai. Antônio se cala por um momento. Respira fundo e move a cabeça em afirmativo.

– Como pode isso, pai? Mesmo depois de tanto tempo, depois de ela ter te abandonado... Você ainda a ama.
– Se alguém que você amasse muito precisasse voar para ser feliz, você o manteria preso em uma gaiola só para tê-lo ao seu lado?
– Não. – Ela baixa a cabeça.
– Então...

Antônio larga o pano de prato em cima da mesa e vai até a porta que dá para o quintal. Ela termina de lavar o último talher, limpa a pia e termina de secar a louça. Pela janela da cozinha vê o pai parado no jardim, mãos no bolso e olhar longe. Ela vai até ele e o abraça.

— Ela morreu pai, não tem volta. E mesmo que estivesse viva... Me dói pensar no senhor aqui sozinho todos esses anos.

— Mas eu não estou sozinho minha filha, ela está aqui — diz olhando para o jardim, a imagem de suas mãos sujas de terra mais uma vez.

Os dois permanecem ali abraçados por um tempo. Ele pensando em Dora, e ela em como é possível se ter tanta certeza de um amor. Choraria naquele momento se pudesse, mas seus olhos, como sempre, somente umedecem. Ele beija a filha no rosto e começa a ir para dentro da casa.

— Aonde você vai?
— Você não quer ir ao observatório essa noite?
— Sim.
— Então temos que ir até lá ver se conseguimos as chaves.

Ela vai atrás do pai correndo pelo jardim, correndo atrás daquele homem como se ainda tivesse seis anos de idade. Reconhecia o quanto dele existia nela, e o quão feliz ela era por tê-lo em sua vida. Antônio sempre foi o seu porto seguro. Quando ela estava perto dele não tinha medo do mundo porque aquele homem guardava o segredo das suas asas: ele as construíra para ela simplesmente por viver a vida como vivia e deixá-la observar; por não ter medo de amar tanto a ponto de deixar tudo ao seu redor livre e aceitar com uma certa sabedoria ancestral o ciclo das coisas: por transformar a sua dor em um jardim.

O Pássaro Azul

Já passava da meia noite quando chegaram do observatório. Depois de uma breve conversa sentados no jardim, Antônio resolve ir dormir, mas não sem antes trazer um cobertor para a filha que decide ficar por ali mais algum tempo. É uma noite clara, de lua quase cheia, com um vento gelado de outono soprando suave.

– Que horas você vai embora amanhã, filha?
– Cedo, umas oito horas, eu acho.
– Não fique acordada até muito tarde, pegar a estrada com sono não é das coisas mais espertas a se fazer.
– Pode deixar, seu Antônio.

Ela beija o pai e o abraça apertado. "O café amanhã é por minha conta", diz enquanto faz um carinho no rosto de Antônio. Ele beija a palma da mão da filha e a fecha segurando um instante; em seguida, se dirige para dentro de casa.

Depois de colher alecrim e manjericão para levar para casa, além de um buquê de lavandas, ela decide ligar o velho lampião e escrever um pouco. Arrasta a espreguiçadeira de vime para perto de uma árvore, prende o lampião em um galho e se cobre com a manta deixada ali por seu pai. Tenta escrever no velho Moleskine, mas acaba se distraindo vendo uma joaninha tentar suicídio ao redor do lampião. Uma epifania inacabada sobre as joaninhas, os seres humanos e os desejos lhe inunda a mente, "queime, queime" algo diz dentro dela como um mantra e num rompante se levanta, pega a joaninha nas mãos e a leva até um outro canto do jardim, para longe da luz. A joaninha voa.

No caminho de volta para espreguiçadeira olha ao seu redor: cada canto daquele lugar guarda pedaços de sua vida encapsulados no tempo, dentro dela. Lembra da sua irmã, Cecília, que havia se mudado para São Paulo e que não via há alguns anos. "Como foi que se afastaram?", algo haver com a morte da mãe; alguma discussão boba sobre como ela deveria ou não ter agido durante a doença de Dora. Algo pequeno e sem mais nenhuma importância porque a mãe delas está morta há tanto tempo e elas estão vivas, e distantes, e nesse momento podia vê-las correndo pela casa vestidas de fadas. Podia sentir o perfume de sua mãe e lembrar que quando ela sorria era como se um novo mundo surgisse: porque o sorriso de Dora era tão raro que quando acontecia vinha cercado de um mistério, de uma beleza genuína que guardava bem lá no fundo uma certa tristeza que ela não conseguiria explicar. Queria escrever sobre essas coisas, mas quando tocava a caneta no papel as palavras começavam a sumir de sua cabeça. Parecia que o coração não cabia mais dentro do peito e já sentada na espreguiçadeira, com a caneta em suspenso em uma das mãos, decide que o melhor a fazer é dormir e deixar a escrita para amanhã. "As páginas em branco continuarão assim, pelo menos por mais uma noite", fecha o caderno.

Algumas formigas andando em fila no chão lhe roubam o olhar enquanto se prepara para entrar em casa. Ao redor do lampião, agora uma mariposa voa em círculos. "Há uma vida secreta nos jardins, uma vida que se esconde atrás do nosso respirar ofegante...", segue a pensar num fluxo de palavras que lhe brotam na mente sem domá-las, sem querer extrair delas uma verdade maior ou escrevê-las no caderno que acabara de fechar. "Existe um segredo no jardim onde tanto faz o calor ou o frio, onde não se pensa em gerar ou não frutos porque os passarinhos simplesmente nascem e voam; e as árvores às vezes dão frutos e em outras não – não há medo da morte e nem tensão na vida. Mesmo quando tudo parece parado o jardim se movimenta: nada deixa de ser porque o que nele é existe indiferente ao seu significado ou função. Se eu soubesse o segredo desse jardim talvez eu desvendasse o segredo da vida", se assusta com um barulho no portão da frente, "pai?", e em resposta um vulto de mulher se aproxima dizendo:

"Há um pássaro azul em meu peito que
quer sair
mas sou bastante esperto, deixo que ele saia
somente em algumas noites
quando todos estão dormindo.
Eu digo: sei que você está aí,
então não fique triste."

Ela ainda se lembra daquela voz tão feminina, uma voz delicada, uma voz que ela conhecia em seu coração. Enquanto deixa que o vulto vá aos poucos ganhando um rosto e uma forma ela responde:

"Depois, o coloco de volta em seu lugar,
mas ele ainda canta um pouquinho
lá dentro,
não deixo que morra completamente
e nós dormimos juntos
assim
com nosso pacto secreto
e isto é bom o suficiente para
fazer um homem
chorar.
Mas eu não choro,
e você?"[4]

A figura de uma mulher morena com grandes olhos negros e cabelos crespos presos em um coque, para na frente dela: "Eu continuo chorando sempre... Tenho uma propensão às lágrimas como você sempre me dizia", a mulher e seus olhos negros respondem. "Ana!", ela a abraça num impulso como se o tempo não tivesse passado e Ana retribui o abraço na mesma intensidade. Mas, logo em seguida, seus corpos se afastam e uma leve tensão em seus músculos junto com um não saber o que fazer com as mãos lhe mostram que havia algo a ser resolvido, coisas a serem ditas, um tecido fino a ser costurado.

— Eu já estava me preparando para entrar. Como você sabia que eu estava aqui? – respira fundo. – Eu não sabia que você estava na cidade se não eu teria...

---
[4] O Pássaro Azul, Charles Bukowski. The Last Night of the Earth Poems (1992)

— Eu vim visitar minha mãe. Não consegui dormir; é muita memória acumulada no mesmo lugar. Fiz um chá, sentei na escada da frente de casa e vi quando você chegou de carro com o seu pai. Fiquei tomando coragem para vir aqui, não sabia se eu deveria...

— Quantos anos faz que a gente não se vê?
— Dez, talvez?; mas a gente não conversa sozinhas desde que você foi embora.
— Eu sei...

Ana senta na espreguiçadeira. "Você continua lendo um poema do Bukowski toda noite antes de dormir?", percebe o caderno e a caneta repousando sob a manta ao seu lado.

— Não — encara Ana —, mas ele continua sendo um dos meus preferidos e esse poema... Ah!, é o nosso poema.
— Our Blue Bird — sorri.
— Eu escrevi um livro.
— Sério? A última vez que soube de você através do seu pai, ele disse que você era sócia em um escritório de advocacia e que estava casada com alguém, Carlos eu acho. Pensei que ele estava falando da sua irmã, mas era de você mesmo.

A risada quebra qualquer barreira que poderia existir entre seus corpos e ela finalmente senta ao lado de Ana. Conversam sobre o que aconteceu com cada uma delas, conversam sobre seus pais, sobre seus amores fracassados: sobre a outra vida que poderiam ter tido juntas. As estrelas, Ana pergunta se ela ainda sabe o nome das estrelas e constelações e é assim, enquanto ela aponta para o céu e fala nomes como Órion, Plêiades, Sirius e Crux, que adormecem juntas, abraçadas, no jardim.

Vênus no céu, o apito do trem ao longe
e uma janela aberta.

O som do trem ao longe se confunde com o seu sonho. Ela acorda e ouve a movimentação dos pássaros anunciando que em breve o dia vai amanhecer. Ana ainda está dormindo ao seu lado. O silêncio impera, quase sepulcral, quase a fazendo ter dúvidas se está acordada ou sonhando.

Observa a velha araucária: desde que era criança gosta de pensar que aquela árvore está sempre cordialmente acenando para ela. Ao lado da araucária, no mesmo lugar onde o sol está prestes a nascer, avista Vênus já bem baixo no horizonte. "É engraçado porque quando a gente foca em um ponto do espaço conseguimos perceber claramente o movimento da Terra, o nosso movimento, mesmo que a gente esteja parado", uma gota de orvalho cai tocando a sua pele e fazendo-a perceber que está realmente acordada. Outra coisa que ela já havia descoberto de tanto observar Vênus é que ele não vai se apagando com o raiar do dia, mas a sensação é de distanciamento: de que as estrelas vão ficando mais longe; mas não sumindo porque em seu coração ela sabe que elas estão sempre lá e o que se move, talvez, seja ela: às vezes para perto das estrelas onde sente a paz de pertencer a algum lugar e em outras para longe, quando se perde dela mesma.

São pouco mais de seis horas e o silêncio passa a dar lugar aos passarinhos que cantam e se lançam ao céu enquanto alguns poucos carros começam a passar na rua. Ela ainda pode ver Vênus se forçar a vista, ele está atrás do rastro de um avião que cruza o horizonte. O sol nasce timidamente entre muitas nuvens. Ana ainda dorme. Ela pega seu caderno e começa a escrever até que enfim rasga as folhas e dobra cuidadosamente. Deixa o que escreveu ao lado de Ana colocando uma pedra em cima das folhas para que não voem. Debaixo da pedra, coloca também alguns ramos de lavanda. Observa Ana dormir por um instante, a cobre com a manta, beija sua testa carinhosamente e entra em casa.

CARTA_02
PARA ANA

Minha querida Shady Lane,[5]

Penso em mil formas de começar essa carta e todas elas me levam a três palavras: "eu deveria ter...", e tantas coisas que completam essas reticências que insistem em me perseguir no meu discurso e na minha vida. Não sou muito boa em terminar coisas, eu sei. Geralmente eu fujo, prefiro deixar um espaço em aberto para que as coisas possam voltar um dia até que acabo me perdendo num mar de possibilidades sem fim. Deixar coisas em aberto é a pior coisa que uma pessoa com um coração sonhador como o meu pode fazer, e entendo isso agora. Entendo agora o que você já sabia lá atrás, quando a gente ainda era adolescente e eu fui embora dessa cidade deixando a nossa história em suspenso quando ainda estávamos descobrindo o significado de tudo. "As coisas devem ser verbalizadas", você me dizia, "se não viram pequenos buracos negros que com o tempo consomem o nosso brilho na forma de arrependimentos", e eu sempre ouvia você – e como ouvia! –, mas minha boca insistia em falar através da vaguidão e não do significado certeiro.

Com anos de atraso eu queria te dizer as palavras certas, te contar um pouco da minha vida e de como você vive em mim nessa história. Não é fácil ser fruto de um

---

[5] Shady Lane: música da banda americana Pavement que aparece no álbum "Brighten the Corners" de 1997.

pai sonhador e uma mãe que só via sentido no desejo do mundo material e da carne. Sou o fruto de um casamento fracassado que não conseguiu achar seu caminho entre as raízes e o ar: que cresceu para dentro da terra, mas que na luz do sol se deixou queimar demais e morreu. Vi a falta de brilho nos olhos de minha mãe pouco antes de ela morrer. Vejo, ainda hoje, o espinho que ficou cravado no coração do meu pai no dia em que minha mãe arrumou as malas e decidiu abandoná-lo porque ele já não era mais suficiente para ela: "Quero muito do mundo e só você e essa cidade não me bastam!", minha mãe berrava e ele chorava. E enquanto tudo isso acontecia em minha casa, com você e em você, eu descobria o toque suave da pele de uma mulher, o beijo delicado, o caminho para um amor possível de acontecer entre o sim e o não; entre o mundo e o espaço criado entre nossos corpos.

Eu tinha medo… A gente não ia sobreviver à hipocrisia dessa cidade. Seríamos as duas garotas lésbicas, as excluídas: aquelas que não merecem um segundo olhar e nem mesmo uma tentativa de compreensão de que o amor é vasto e acontece em todos os lugares onde se permite sentir e vivê-lo. Eu queria ter vivido todas as possibilidades do mundo com você, mas eu só tinha quinze anos, e tinha medo: eu não sabia para onde a vida ia me levar porque via em minha casa a face mais triste e sombria do amor através dos meus pais. Então, quando minha mãe foi embora e me levou com ela, eu simplesmente fui e não te disse adeus porque não poderia; porque até hoje carrego você comigo.

Estar sozinha com você, conversar sem nenhum peso no coração e vê-la adormecer ao meu lado ontem à noite, me faz acreditar que não finalizamos algo, mas que provamos que tudo que é verdadeiro encontra uma forma de existir no mundo apesar da secura: apesar da dureza e da distância. Enquanto você dormia, olhando para você e para Vênus que sumia no céu, eu escrevi no meu velho caderno de anotações o seguinte:

"Alguém aí me ensina como decidir quando entre o que eu preciso e o que eu quero existem tantas vidas. É nesses dias que prefiro voar: e eu, enquanto sonho, nadar sem direção até sentir o repuxo; ou até que me falte o ar. Dizem por aí que a gente se completa, mas eu acho mesmo que é amor."

Você foi um dos grandes amores da minha vida. E uma vez que foi no passado, ainda permanece como um sentimento bom gravado em mim. E não seria essa a beleza da vida? Que mesmo depois de tantos anos e de toda essa distância, ainda hoje me pego vendo o mundo através dos teus olhos?

Love always, G.

DIA 04

"But you knew there would always be the spring, as you knew the river would flow again after it was frozen."_Hemingway.

Quase sempre quando fuma na janela pensa sobre o tempo. O tempo de um cigarro, o tempo das pessoas lá embaixo, o tempo dos carros e das pernas, o tempo de uma vida e de uma morte. Vê, por um instante, o motoqueiro morto no chão mais uma vez, o sangue seco no asfalto, "Será que alguém o amava?", outra tragada. O tempo passara a povoar seus pensamentos, impregnar o ar que respirava: a solidão tem dessas coisas. Observa uma mosca no vidro, pensa em matá-la mas decide abrir a janela e deixá-la voar. "Voar é desafiar o tempo", ri porque o que acaba de pensar alto parece não fazer sentido, mesmo assim algo lhe diz que está certa.

Outro dia conversando com uma amiga, ela lhe disse que o tempo traz sabedoria. "Isso sim não faz sentido", fecha a janela novamente para que o vento frio de outono não ocupe cada canto da casa trazendo com ele a lembrança de que ela está sozinha, e que já faz tanto tempo que parece uma eternidade. O que nenhum de seus amores pareciam ter entendido sobre ela até então é que para vê-la nua não precisavam tirar sua roupa e sim lê-la como um livro. Isso era seu desejo mais profundo: ser despida de suas palavras por alguém que cedesse o tempo para ver a mulher dentro dela lutando para não se afogar na indelicadeza do mundo; alguém que após caminhar por seus cantos escuros e secretos ainda a convidasse para dançar e em seguida a amasse onde ela doía. "A solidão é cruel", todo corpo nasceu para ser tocado, ela sabe disso assim como sabia que estaria segura contanto que o frio permanecesse lá fora. Sabia também que é a vida que traz sabedoria e não o tempo. "O tempo só nos rouba a juventude enquanto caprichosamente nos obriga a correr atrás dele sem perceber, como ponteiros em um relógio", vai até a velha máquina de escrever que pertenceu ao seu avô. Senta na cadeira. A folha branca está armada ali como sempre. Olha para a foto de seu avô com ela no colo que está no porta-retratos: seu avô morreu quando ela tinha cinco anos, morreu dormindo, morreu sonhando. Na folha de papel, uma letra após a outra começa a ocupar o espaço infinito do branco:

"É nos dias de vento forte que o meu coração se aquieta. É nos dias de coração calmo que, de sobressalto, um pensamento me toma o tempo: é tudo tão frágil, é tudo tão frágil, é tudo...
A porta que bate perdeu seu momento, bateu em vão.
E eu, fruto de uma quimera e uma vontade de ser, pensei poder achar no mundo o momento do tempo que se perdeu entre o vão e a porta,
entre a entrega e o pulo,
Sem rede, sem susto,
Eu e o vento, o vento,
o vento."

Tira a folha da máquina e começa a ler aquelas palavras em voz alta. Lê uma vez, e outra, e uma terceira. Começa a amassar o papel para jogá-lo no lixo junto com tantos outros papéis amassados contendo textos perdidos que já repousam ali. Hesita, desamassa o papel e começa a dobrá-lo na forma de um avião. Abre a janela e observa as palavras flutuarem para longe: primeiro para o alto e depois para baixo. O café da manhã com seu pai, antes dela entrar no carro ele a abraçou e disse: "Se o livro vai ser publicado ou não, isso não importa. O importante é que você fez. Sucessos e fracassos são sempre relativos", e a imagem de Ana dormindo no jardim volta a sua mente. Sorri. Outro cigarro.

Pega o telefone nas mãos, começa a digitar números algumas vezes desistindo na metade. Queria falar com Cecília, sua irmã mais nova. Queria contar a ela da visita que fez à casa do pai, contar sobre a reunião da editora, saber da vida dela, da sobrinha que tinha visto somente umas duas vezes desde que nascera e que agora já deveria estar com uns quatro anos. Queria apenas dizer que a amava e sentia sua falta, que já nem lembrava mais o motivo da briga que construiu tamanha distância entre as duas. Mas, sabia que esse tipo de conversa sempre funciona melhor dentro da gente – na prática, as palavras e os silêncios duelam tentando achar o espaço para que, com sorte, a verdade apareça e o futuro passe a ser um pouco mais leve do que o passado.

Cecília

Cecília tinha muito da mãe delas: os olhos azuis, a pequena boca em forma de coração, o temperamento inconstante, a teimosia e um certo dom de confundir o amor com posse. Via o mundo do seu jeito e não reagia muito bem a críticas. Dora a criara como uma boneca de porcelana: cheia de melindres e cuidados, babados e um mundo cor-de-rosa no qual Cecília, é claro, era a princesa. Ela se formou em psicologia e depois de três namoros (o primeiro quando tinha 15 anos) casou-se com o terceiro: um engenheiro florestal que, apesar de ganhar bem, passava mais tempo em campo do que com a família. Mudaram para São Paulo logo após o casamento. Cecília trabalhava em uma escola particular de primeiro grau. Depois de dois anos de casados veio a pequena Augusta numa tentativa de segurar o casamento que já não ia bem. Não adiantou. Há seis meses Cecília se separou do marido. Ninguém sabe: nem o pai, nem a irmã, nem... Gostaria que sua mãe estivesse viva. "Ela saberia me dizer o que fazer para acabar com essa solidão"; mas, no fundo, Cecília sabia que sua mãe também não saberia a resposta: morrera só em um quarto de hospital. Ainda lembrava do telefonema no meio da madrugada, o "alô" de sua irmã seguido do profundo puxar de ar que saiu de dentro do peito na forma de um "aconteceu...", quase inaudível. A irmã ficou chamando por ela no telefone, mas ela já não escutava mais. Sabia que a mãe iria morrer, sabia que o câncer (ou a tristeza?) já haviam ocupado quase todo espaço vivo do corpo daquela mulher cujo abraço sempre fora seu único lugar seguro, seu único lar. Achava que estava preparada para aquela ligação, mas não estava. A verdade é que nunca estamos preparados para ver alguém partir.

Há seis meses ela e Augusta aprendiam a construir um lar sozinhas. Há seis meses ela tenta se lembrar por que se distanciou tanto de seu pai e sua irmã. Há seis meses ela pega o telefone várias vezes nas mãos, mas lhe falta coragem: lhe falta a coragem de admitir que ela, tão cheia de certezas, talvez estivesse errada. Então desliga o telefone e não liga. Chora. Pensa em voltar a morar com o pai ou com sua irmã por um tempo. Pensa muita coisa, mas não consegue admitir que fracassou no seu casamento; e que o mundo pintado pela mãe como cor-de-rosa, aos poucos ia ficando pálido e cinza, não fossem os grandes olhos de Augusta e os bracinhos estendidos falando "mamãe" e pedindo colo.

Pega Augusta no colo e cantarola uma canção qualquer enquanto dança com a filha. O som do telefone se confunde com a canção. Augusta sorri. Um pouco tonta de tanto rodopiar com a menina, atende ao telefone: "Alô?", diz quase sorrindo, e na resposta do outro lado da linha reconhece a voz de sua irmã. "Papai?", pergunta Augusta, e Cecília responde que não – agora se deixando sorrir por inteira.

> Ring the bells that still can ring
> Forget your perfect offering
> There is a crack in everything
> That's how the light gets in.
> _ Leonard Cohen[6]

– Alô?
– Alô... Cecília?

Um silêncio se faz. Não de propósito, mas, simplesmente, aquele espaço de tempo dilatado se fez necessário para que toda mágoa e tristeza, se é que ainda existia alguma, fos-

---
[6] Anthem: música de Leonrad Cohen do álbum "The Future" de 1992.

sem transmutadas pelo vazio, pelo nada, pelo esquecimento, pela ausência de palavras: ouvindo somente o respirar uma da outra. Se pudessem se ver naquele momento, veriam que durante esse silêncio os músculos de seus rostos relaxaram e ambas assumiram um semblante sereno. Toda tensão se desfez e ambas esboçaram um sorriso ao mesmo tempo. Foi como um jogo de espelho: o gesto que uma começava, a outra terminava, com a diferença de que não se viam, apenas respiravam. No final, ambas falaram juntas "Que saudades...", e o silêncio enfim se rende ao som, ao movimento, a criação.

– Como você está, Cecília? – ela escuta uma voz de criança. – É a Augusta que está aí perto de você?
– Sim, é a Gu.
– Com quantos anos ela está?
– Três anos e dez meses.
– Meu Deus!, quase quatro anos já...
– É.

A pequena Augusta, agora no chão, toca a perna da mãe perguntando mais uma vez: "papai?". Cecília senta no sofá com ela no colo. "Não, sua tia, diz oi para ela", coloca o telefone na boca da pequena. "Oi", silêncio. Do outro lado da linha os olhos umedecem, "Oi, Augusta... Gu", Cecília pega o telefone das mãos da filha.

– Você precisa vir visitar sua sobrinha, ela tem o cabelo loiro cobre igual o da nossa mãe.
– Sim, eu tenho que ir visitar vocês... Ontem fui ver nosso pai. Acabei dormindo no jardim. Lembrei das noites que nós

duas passávamos lá juntas com seu Antônio apontando para o céu e dizendo nomes e mais nomes de estrelas e constelações.
– Como ele está?
– Envelhecendo, Cecília. A juventude abandonou o corpo do nosso pai há algum tempo, o seu semblante começa a ficar cada vez mais parecido com o de um velho sábio. E o jardim, nossa!, é um obra de arte. A gente tem que ir pra lá juntas, a pequena vai adorar aquele lugar.
– Vamos sim, vamos logo. Essa distância já não faz mais sentido.
– Você está bem? Já deve ter se acostumado com São Paulo depois de todos esses anos.

Há mais um silêncio que acontece nesse ponto da conversa. Dessa vez intencional, dessa vez Cecília pensa em seu casamento e em como falar do que aconteceu.

– Na verdade tenho pensado em voltar, passar um tempo com você e com o pai. Arrumar um emprego aí talvez...
– E o Roberto? Ele toparia vir junto?
– Não... Eu me separei.
– Como assim? Quando foi isso?
– Seis meses – respira fundo –, eu fracassei.

E a longa conversa que se seguiu foi cheia de relatos e quase choros e confissões e risos e no final uma decisão: Cecília e a pequena Augusta viriam morar um tempo com a irmã até que ela arranjasse um emprego, uma casa, um novo lar – dessa vez mais próximo daqueles que há tanto tempo renegara, mas que agora reconhecia como sua família.

Madrugada

Transforma-se em silêncio, porque sabe que o silêncio se oculta e se evapora.
_Carlos Pena Filho

No meio da tarde sentara para escrever, sentia novamente as palavras borbulharem dentro dela. Algo novo estava para nascer, sentia isso de forma tão intensa que podia quase tocar essa nova realidade ainda sem forma. A reunião com a editora seria daqui a três dias. Por um momento pareceu ter esquecido dela, do livro, de toda a sua vida nesses últimos anos. Não era mais a mesma, algo mudara. Sabia mas não conseguia explicar. Deixa a folha com algum texto batido na máquina de escrever e se levanta em direção à cozinha para pegar um pouco de vinho.

Com uma taça nas mãos, seu reflexo no espelho da sala lhe chama atenção. Começa a pensar na arrogância: por muito tempo ela usou esse recurso como um mecanismo de defesa. Mas, esse vazio em que se encontrava desde que passou a não ter mais tanta certeza das verdades que criara para si nos seus vinte e poucos anos, fincou nela raízes que hoje tomam forma através de uma admiração quase religiosa que sente pelas pessoas humildes que cruzam o seu caminho. A ela ocorria agora, enquanto escolhe um vinil para ouvir, que a diferença entre a arrogância e a humildade é a mesma entre a inteligência e a sabedoria: "A primeira acha que sabe tudo e segunda entende que de tudo sabe quase nada", coloca uma coletânea antiga do Donny Hathaway para tocar e deita no sofá.

Hoje em dia, sente uma certa preguiça dos seus amigos intelectuais com seus discursos inflamados em pensamentos de esquerda ou direita (geralmente de esquerda), em referências e nomes, e citações e mais nomes, e mais palavras difíceis e outros nomes e teorias e... sente preguiça. Isolara-se. Essas coisas já não preenchiam mais o seu vazio, já não traziam mais as respostas que outrora lhe pareciam brilhar como verdades absolutas. No entanto, lhe comovia a honestidade que ouviu da boca de uma senhora desconhecida que decidiu dividir uma história com ela há algumas semanas atrás em um ponto de ônibus, ou uma criança de sete anos que encontrou no parque outro dia e que lhe explicou de forma muito natural e coerente como ela podia atravessar paredes enquanto dormia. Comoveu-se também com o seu pai ainda hoje, durante o café da manhã, quando ele lhe abraçou e disse que o importante era fazer e que sucessos e fracassos são quase sempre relativos. Essa honestidade que vinha do já saber muito da vida, ou do não saber quase nada, lhe dava uma certa tranquilidade porque em algum lugar dentro dela pressentia que a sabedoria que nasce com a gente e que se perde em algum lugar da nossa trajetória é de alguma forma, e em algum grau, resgatada na velhice. Então, não sente mais medo dos finos vincos que já aparecem em seu rosto e vê nesse movimento reto do tempo, que liga todo nascimento a uma morte, o grande arco de pequenas histórias da qual ela faz parte como um parêntesis, uma resposta ou a possibilidade de uma nova pergunta.

O relógio marca meia-noite e meia. O dia se transformara em noite e a noite em madrugada, e ela não percebeu. Pelo movimento das árvores na rua sabe que o vento frio de outono ainda sopra lá fora. Pega o casaco do mancebo, coloca o pacote de cigarro junto com o isqueiro no bolso e decide se entregar ao romantismo dos seus passeios noturnos em dias frios com o vento gelado rasgando a pele e ela se sentido viva.

> Interlúdio III: o que ficou no papel da máquina de escrever ou fragmentos da tarde que virou noite de repente.

"Onde há fumaça, há fogo.
Atrás de todo fogo existe alguma paixão a ser revelada.
Há amores tão grandes nessa vida que nunca são declarados.
Toda palavra tem pelo menos dois sentidos, todo número caminha para o infinito.
O passado e o futuro sempre parecem mais atrativos, mais felizes, mais alguma coisa... Viver no presente é uma arte que só aprendemos no fim.
E no fim todo palhaço chora, mas como diz a canção 'é melhor ser alegre que ser triste'. Negar a tristeza pode ser a diferença entre a vida e a morte:
entenda isso como quiser.
Pássaros voando no céu é o sonho de liberdade.
Crianças são felizes porque desconhecem a noção de tempo.
Outro dia, quando perguntei a um menino se ele gostava de ter seis anos ele me respondeu que gostaria mesmo é de ser infinito. Vi nele a figura de um velho ancião: isso é lugar comum, eu sei.
A gente tenta fugir do clichê, mas a vida insiste em mostrar que por trás do óbvio deve existir alguma verdade a ser desvendada.
Talvez, fugir do clichê seja fugir da vida."

Felizes são as putas.

Sempre gostou das caminhadas pelas madrugadas geladas daquela cidade; das ruas sem saída e das bocas de fumo onde o ar é denso e o cheiro das coisas obscuras se materializa entre isqueiros, olhares irrequietos e as luzes vermelhas de uma ou outra viatura da polícia que às vezes passa bem devagar para em seguida acelerar novamente. Toda rigidez de sua criação classe média católica se desfazia ali: naquelas ruas onde sentia um estranho conforto como agora em que, com as mãos duras pelo frio, leva o cigarro até os lábios dividindo o seu fumo com as putas que fazem ponto na região.

Conversam; uma conversa sem pausa, sem pudores, sem segundas intenções. São histórias repletas de dor, de rupturas, de inseguranças e vazios; mas também com algumas alegrias – aquelas putas que narravam sem censura suas histórias de encantos e desencantos, seus amores, desamores e esperanças. Elas pareciam desconhecer o julgamento mesquinho da soberba e da arrogância e eram repletas de uma certa generosidade no olhar que vinha do fato de saberem que estavam condenadas a habitar à margem da sociedade; de que a elas não era dado o direito de, nem em sonho, se sentirem melhor do que outra pessoa. Despede-se delas não sem antes deixar mais alguns cigarros com uma menina que não tinha mais do que vinte anos e mal conseguia se equilibrar nos saltos.

Na volta para casa um hino católico da escola de freiras em que estudou lhe assombra a mente. Pensa nessa estrutura familiar impregnada de ideias e de pais e mães santificados pelo sacrifício – onde não existe outra opção aos filhos a não ser já nascerem com uma dívida eterna – e no excesso de julgamento que permeia os olhares e as falas dos que se dizem castos e temerosos a Deus. "Felizes são as putas", entra em casa fechando a porta num golpe rápido enganando o vento gelado para que ele, mais uma vez, fique do lado de fora.

DIA 05
3:47

Após horas dirigindo por uma estrada que parecia não ter fim e sem cruzar com uma viva alma no caminho, finalmente avista um luminoso que avisa em letras garrafais de tipografia duvidosa: Pink Motel. "Que outra opção tenho eu?", estaciona o carro em frente ao local.

Chega na recepção onde atrás de um balcão de madeira escura um homem com cabelo ensebado, do tipo que tenta esconder a calvície deixando o cabelo mais comprido de um lado e penteando para o outro, a encara nos olhos passando para seus peitos e voltando para o rosto. "Nome, telefone e documento de identificação", pede num tom não muito cordial e anota o que ela diz em um caderno sujo com uma letra indecifrável. Em seguida, ele manda que ela siga por um corredor até a porta dos fundos onde alguém irá levá-la até seu quarto. Coloca a mochila nas costas e segue em frente mesmo pensando em voltar para o carro.

Abre a porta do final do corredor e se depara com várias pequenas casinhas de alvenaria: todas cor-de-rosa e germinadas. Elas formam uma espécie de labirinto. Uma mulher vestida de rosa pink, com um chapéu e roupa estilo aeromoça dos anos sessenta, aparece. "Você tirou a sorte grande, menina!", sorri empolgada, "Só sobrou uma das nossas melhores suítes para você, mas como é só por algumas horas cobraremos o preço de uma regular", começa a conduzi-la pelo pequeno labirinto. Entre alguns roncos e vários "uh!" de casais empolgados, finalmente param em um trailer prata, com alguma pintura mesclando rosa claro e um azul céu, que fica um pouco mais afastado das casinhas. "É aqui," diz abrindo a porta do trailer, "nosso melhor quarto: a suíte evangélica", mas o que a mulher – aeromoça-rosa-pink-retrô fala só faz algum sentido quando ela entra e se depara com uma cruz de neon vermelha em cima da cama e uma imagem de Jesus fosforescente pra lá de bizarra brilhando no escuro. "Lindo, não?", a mulher acende a luz, "Que outra opção tenho eu?", ela pensa. Não responde à mulher que sai do quarto falando algo sobre os números dos ramais estarem dentro da gaveta do criado-mudo junto com a Bíblia. "Isso não faz sentido...", abre o frigobar e entre as opções de bebidas pega uma meia garrafa de champanhe barata que sabe que terá um gosto horrível, mas servirá ao seu propósito na falta de uma boa cerveja.

Tira a roupa e fica só de calcinha e sutiã. Abre a champanhe e dá um gole não se importando com o copo. Quase cospe, mas engole, tomando um segundo gole em seguida. Mexe na mochila pegando um cigarro e isqueiro. Acende o cigarro e tira o velho Bukowski da mochila com uma dedicatória para um outro alguém. Dentro dele um velho recorte de jornal que o dono anterior daquele livro deve ter deixado ali por algum motivo. Deita na cama com o livro, o cigarro e a champanhe vagabunda. A cruz de neon ainda brilha e o Jesus fosforescente com a luz acesa mais parece uma vela escorrida. "Que outra opção tenho eu...", pensa mais uma vez ao mesmo tempo que um "uh!" feminino, um tanto alto, vem do quarto mais próximo. Sorri. Mais um gole de champanhe, uma tragada no cigarro, abre o livro e poderia quase se sentir em casa naquele momento.

O som de um telefone começa a tocar um pouco mais alto que o normal. Começa a andar pelo quarto, cigarro ainda nas mãos, a procura do maldito telefone. Revira o quarto, mas não acha nada. O telefone cada vez mais alto. A sensação do "quase se sentir em casa" dá lugar a um frio no estômago misturado com um certo desconforto. O trinco da porta começa a mexer e a silhueta de alguém, um homem, se revela. Quer ver quem é aquele homem, deseja que ele se revele, sente-se atraída a andar até ele, o telefone, o som... Acorda. Um pouco atordoada vê o visor do celular ao lado da cama brilhar. Duas chamadas não atendidas de um mesmo número estranho. Pensa em ligar. Desiste. O telefone começa a tocar novamente. Atende.

– Alô?
– Ah, essa sua voz de sono... tão linda.
– Quem é?
– Pra te ligar essa hora, péssimo horário eu sei, e elogiar essa tua voz de sono...
– Guilherme?
– Bingo! Estou na cidade e quero te ver. Posso?

E a silhueta do homem na porta é revelada.

A caminho do primeiro encontro.

Era sempre assim que acontecia: quando se abria para o mundo sem medo, não sentia dificuldade em atravessar ruas. Tinha ciência disso, mas como era difícil para ela esse processo de acordar e se desnudar para então começar um novo dia. Era muito mais fácil se esconder atrás dos casacos, dos sapatos, do olhar vago, das mentiras brancas – não se esquecendo do humor ácido e da aparente inteligência e elegância do discurso. Mais fácil mesmo era rir dela mesma antes que o mundo o fizesse. Passar batom, rímel, os sapatos, sim! os sapatos e o casaco: foi isso que fez porque está frio; uma mentira branca é óbvio. "Os carros na rua, o fluxo, o motoqueiro morto, ninguém para...", tira os sapatos e sente os pés tocarem o asfalto gelado: é um começo. "Um telefone que toca às 3h47 da manhã é sempre uma tragédia, mesmo quando é engano", algumas pessoas a olham com estranheza e ela começa a calçar os sapatos novamente. "É um parque, o que há de errado em querer andar descalça em um parque?" O frio, o frio, o frio. Sentir a diferença entre o asfalto e grama. "Não, não foi engano", termina de amarrar o cadarço do velho sapato Oxford já bem gasto pelos passos e tropeços. Volta a caminhar sem pensar no trajeto, sem pensar muito para onde.

Guilherme havia ligado. Fazia tanto tempo que ela não o via. De todas as relações que vivera essa era talvez a mais estável: eram amigos, transaram algumas vezes sem compromisso. Conversavam pelo menos cinco ou seis vezes por ano via e-mail ou Skype desde que ele se mudou para Berlim e tudo continuava leve: sem cobranças nem arrependimentos. Uma garoa fina começar a cair. "A garoa fina molha tanto quanto a chuva, o que muda é o tempo e a sensação na pele", não apressa o passo.

Parece claro para ela agora que aquilo que não temos coragem de dizer ou viver fala alto, grita: não morre. Permanece dentro de nós não como fantasmas e sim como pequenas almas impedidas de nascer e tocar o mundo, de respirar a primeira vez através do choro e de se acalmar com o calor de um outro corpo. Assim, com olheiras profundas de noites mal dormidas e um punhado de incertezas e covardias em seu coração, ela caminha entre os guarda-chuvas apressados com os cabelos já úmidos e um certo ar de nobreza no rosto; um balançar de braços que sabem que não é só para frente ou para trás que se anda. Descobria aos poucos que se tudo na vida é relativo, existe escondido por trás das coisas, das histórias vividas, algumas pequenas verdades que não são grandes e nem absolutas, mas que possuem seu próprio peso; sua própria densidade.

Primeiro encontro.

"We all live in a house on fire, no fire department to call; no way out, just the upstairs window to look out of while the fire burns the house down with us trapped, locked in it."
_ Tennessee Williams

A garoa já havia se transformado em chuva quando ela toca a maçaneta da porta do restaurante e entra deixando a sombrinha amarela em um balde de metal junto com as outras (na sua maioria pretas e azuis). Dentro do restaurante, Guilherme a observa esperando ansioso pelo momento em que o olhar dela cruzará com o seu. Ela levanta a cabeça e com delicadeza se move tentando achar aquele rosto familiar que havia permanecido de alguma forma meio torta em sua vida: que havia resistido ao tempo, à distância e seus respectivos caprichos. Estava feliz em revê-lo, é fato. O olhar dele irrequieto se acalma de repente e ele sorri. "É Guilherme", com uma barba por fazer e algumas mechas de cabelo branco, mas "com o mesmo jeito de menino apesar dos quase quarenta anos"; ela sorri. Ele se levanta. O olhar entre eles percorre a distância que os separa muito antes que seus corpos. Ela sente um arrepio: não de frio, mas aquele tipo de arrepio que faz o coração bater um pouco mais devagar do que o ponteiro dos segundos, desafiando as leis da física e da razão porque ele é reflexo de uma mudança que já aconteceu em algum lugar, mas que ainda não se tem consciência no aqui agora. Uma mudança que só se pressente através do rastro sutil da energia desprendida no éter que se materializa como um arrepio e um certo desequilíbrio do corpo pela leve falta de gravidade; ou ainda como uma breve falta de ar. Seus corpos se encontram. O abraço acontece com alguns segundos de atraso e mais curto do que desejavam (como quase sempre acontece nesse tipo de situação). "Adorei a barba", é a primeira coisa que ela diz enquanto ele puxa a cadeira para ela sentar. Ele dá a volta na mesa e senta na frente dela.

— E eu adorei esse seu cabelo comprido. Combina mais com você, eu acho.
— É um exercício de paciência – sorri.
— A minha barba também.

Os dois se olham por um instante. Respiram, apenas.

– Faz quanto tempo mesmo que eu não te vejo? – ela desenrola o cachecol do pescoço.
– Bom, da última vez que eu estive aqui você estava morando com o Carlos.
– Uns quatro anos atrás.
– Por aí.
– Faz tempo...
– Muito tempo... Nos últimos anos consegui vir pro Brasil três vezes: uma a trabalho bem rápido em São Paulo, e as outras duas vezes que vim foi pra ficar com a minha família em Minas. Tentei vir pra cá mas acabou não dando certo, você sabe.

A mão dela estendida na mesa, sem pensar muito Guilherme é levado a segurar a mão dela. O gesto inesperado dele cria uma certa tensão em seu corpo e, mesmo não querendo, ela acaba puxando a mão delicadamente com a desculpa de prender o cabelo em um coque.

– Eu elogio o seu cabelo e você prende.
– É que está meio úmido da chuva.
– Tenho que confessar que eu fiquei triste quando soube que você e o Carlos terminaram.

Ela o encara. Olha bem fundo nos olhos dele: "mentiroso!", dão risada. Uma risada que vem daquela intimidade que ainda carregam de conhecer como o outro pensa e saber que podem se expressar livremente dentro do espaço que criaram para eles, sem julgamentos. Foi uma risada breve que vinha imbuída de um alívio de perceberem rapidamente que essa conexão entre eles ainda estava viva. "Foi difícil me separar...", ela olha pela janela um instante, "a gente nunca tem muita certeza dessas coisas, essa é a verdade", alguns fios de cabelo se desprendem e ela os coloca atrás da orelha. Ele observa uma certa tristeza no olhar dela naquele momento. Uma tristeza que ela sempre escondeu tão bem, mas que agora parecia escapar de seus olhos sem que ela nada pudesse fazer a respeito. "Ei, eu estava brincando. Eu sei o quanto deve ter sido difícil pra você", segura a mão dela e dessa vez não há nenhum traço de tensão. Silêncio, mais uma vez.

– O restaurante está cheio, não é melhor a gente mudar para uma mesa de dois lugares?
– É que eu chamei mais gente para esse almoço.
– Quem? – ela não consegue esconder um certo desapontamento com a informação.
– A Ale e o Michel.
– Sério? – tentando dissimular que está desapontada.
– Sério. – Ele finge não perceber o que ela tenta esconder. – Eu vou ficar pouco tempo na cidade então tenho que aproveitar pra ver o máximo de amigos possível.
– É justo.
– Sim, mas hoje de noite vamos sair também.
– Vamos?
– Sim, eu e você.
– E quem mais? – ela pergunta com uma certa dose de sarcasmo.
– Mais ninguém.

Ela fica feliz com a resposta e nesse mesmo instante são interrompidos por Michel e Alessandra que chegam juntos reclamando da chuva.

O almoço.

O almoço correu mais rápido do que desejavam, eram quatro amigos que não se encontravam assim, juntos, há mais de cinco anos. Tudo parecia igual como nos tempos da faculdade, das noitadas, dos bares, das certezas: de quando achavam que seriam eternos porque neles queimava a chama capaz de mudar o mundo. "Meu trabalho me suga tanto que quando chega final de semana só quero ficar em casa, ler um bom livro, e no máximo ir ao cinema com o meu marido quando ele se anima pra isso", Alessandra dá a última colherada no pudim de leite. "Sei bem o que você quer dizer", Michel emenda, "depois dos vinte e oito anos meu metabolismo está indo ladeira abaixo", risos.

Ela olha para os amigos ali, reunidos naquela mesa. Percebe que estão envelhecendo cheios de dúvidas e com algumas amarguras escondidas atrás de um humor ácido. Às vezes, ela tinha a impressão que esse tipo de encontro, como o deles agora, só acontecia como uma tentativa conjunta frustrada de enganar o tempo que sempre saía ganhando. "O desespero de envelhecer é o constante tomar de consciência de que não temos todo o tempo do mundo", pensa sem perceber que já saiu da conversa e está em silêncio olhando as gotas de chuva escorrerem contra o vidro da janela. As gotas escorrendo na janela são uma metáfora para alguma coisa que ela deixa passar porque não quer se aprofundar demais em certos abismos que ainda não encarou por completo. "Não, agora não é o momento", traça com a ponta do dedo o caminho deixado por uma gota pequena que se desprende como uma suicida no ar até enfim encontrar o chão, uma poça, ou talvez para cair em cima de uma formiga que passava já atordoada tentando desviar de tantos passos, de tanta pressa. O motoqueiro na calçada, "será que alguém o amava?" isso era importante. A formiga tentando desviar da pressa; eles ali, tentando enganar o tempo: "mas que tempo é esse?" a resposta se esvai junto com alguma outra pergunta feita em alguma outra vida, outro universo, latejando dentro dela como um ferrão de abelha que ao mesmo tempo que fere um, mata o outro. "Será que alguém o amava?", mais uma gota se joga encontrando seu destino, "Se que alguém me amava...", se vê estirada na rua sozinha em meio às buzinas, pernas e rostos desconhecidos. A distância entre ela e motoqueiro se desfaz, seus olhos umedecem, tenta alongar o bardo[7] entre esse último pensamento e o próximo porque já não tem mais certeza se há realmente um sentindo para essa coisa toda que chamamos de vida e para a qual a única justificativa naquele momento era o sim para as reticências que deixou escapar no último pensamento, o começo para a história mais importante do mundo: aquela entre um homem e uma mulher; ou de dois amantes indiferente do sexo. Uma voz quebra o silêncio dela, puxando-a para fora do redemoinho. "No que você está pensando?", Guilherme pergunta

---

[7] Bardo é uma palavra tibetana que significa "no meio" ou "em transição". De forma bem resumida, para o budismo tibetano, bardo é um estado de existência intermediária entre a morte e o renascimento.

enquanto rouba uma colherada do tiramisù quase intocado que está na frente dela.

— Que estamos ficando velhos — ela resume o inexplicável em quatro palavras.

— Nós estamos — Alessandra olha para ela —, você não.

— E porque você acha isso? — ela pergunta, curiosa.

— Bom, você largou seu emprego estável como advogada e um casamento bacana para escrever um livro que nunca saiu e ficar sozinha um tempo: para fazer aquilo que você sempre quis. Isso tudo depois dos trinta anos enquanto nós, seres mortais, temos que nos contentar em deixar nossos sonhos de lado e sermos adultos — responde com uma acidez que sai sem querer.

Silêncio. As palavras de Alessandra parecem ter caído como uma bomba na mesa. De fato nem ela sabia ao certo porque tinha falado aquilo, mas era o que pensava, no fundo era o que pensava da amiga dos tempos de faculdade que ousava seguir seu coração e se deixar perder o rumo mesmo depois de ter entrado na vida adulta. Era o que pensava, não podia evitar, mas se sentia mal por ter dito o que disse em voz alta. Sentia-se mal porque o comentário que a amiga fizera antes, aquelas três palavras simples, "estamos ficando velhos", eram a mais pura verdade: aquela verdade que ela no fundo tentava esquecer todos os dias porque confundia o marasmo de sua vida e o medo de mudar com envelhecer.

Ela, a amiga sem rumo, perdida, olha para chuva lá fora mais uma vez. Pensa em levantar e ir embora mas não, respira fundo e olha para Alessandra e em seguida para Michel. Guilherme tem vontade de abraçá-la, mas enquanto nada no espaço sem-fim entre o pensar e o agir, vê aquela tristeza dos olhos dela se dissipar e dar lugar a alguma outra coisa indefinível. Quando ela enfim o encara, pouco antes de começar a falar, ele vê nela não mais a garota pela qual ele se encantara um dia, mas uma mulher. Então, essa mulher começa a falar sem nenhum medo de expor a sua dor que também é a sua força:

– Eu acho que na vida tem quem gosta de ficar esperando e tem quem prefere pular no trem em movimento pra ver onde vai dar – encara Alessandra. – E de salto em salto, de trem em trem, acho que descobri nesses últimos anos que o trem sempre esteve parado e quem se movia era eu. Só que do último salto eu ainda não aterrissei em lugar algum – para um momento procurando as próximas palavras. – Mas isso não significa que eu esteja perdida; ou que eu não sofra por volta e meia pensar na minha vida como uma sucessiva coleção de más decisões e fracassos. Eu estou tentado... – olha para Guilherme sem saber muito bem o porquê – Eu estou tentando.

Um segundo silêncio se faz na mesa, muito maior que o primeiro. O barulho da chuva aumenta na mesma proporção do desconforto que a falta de palavras produz. Michel abraça a amiga, segura seu rosto e lhe dá um beijo na testa.

– Me desculpe – Alessandra diz com uma voz agora frágil pela vergonha –, eu não queria ter dito o que disse dessa forma.

– Tudo bem, é o que você pensa. E você não está sozinha, eu sei. Eu só queria que você soubesse que não é fácil pra você, que não é fácil pra mim e que não é fácil pra ninguém. Viver é um ato de coragem: morrer é bem mais fácil.

Nesse exato momento mais uma gota suicida se desprende no curto voo até o chão, mas ela não percebe. Ninguém percebe. A metáfora. A ironia. A vida. A tensão da mesa de desfaz. Todos ainda têm um resto de vinho tinto nas taças e Guilherme propõem um brinde: "À nossa coragem", o brinde é selado, o último gole de vinho é tomado. Um certo tom de alívio toma conta do ar. "Vocês não querem sair hoje de noite?", pergunta Michel antes de pousar a taça na mesa. Guilherme olha para ela.

Alessandra percebe a troca de olhares entre os dois.

– Eu já tenho planos pra hoje à noite, vai ter que ficar pra próxima – Guilherme responde.
– Também não vou poder. – Ela começa a enrolar o cachecol no pescoço anunciando o início de uma movimentação para ir embora.
– Que pena. – Michel tira a carteira do bolso sem perceber todas as trocas de olhares que rolaram em um espaço tão curto de tempo.
– Posso pedir a conta? – Alessandra se antecipa.
Alessandra faz o sinal para o garçom. Ela olha para a amiga do outro lado da mesa que mexe na bolsa e em seguida para Guilherme que a observa. Alessandra solta um sorriso largo.

– Tá rindo sozinha? – Guilherme sorri junto.
– Vocês continuam amigos "com benefícios", né?
– Não... – enfática. – Não.
– Como assim, amigos com benefício? – Michel pergunta sem entender.
– Ah! Vai dizer que você não sabia? – Alessandra fala segurando o riso.
– Sabia do quê? – Michel rebate.
– Os dois eram fuck buddies lá atrás, nos anos noventa.
– Sério? – olha para ambos, confuso.
Os dois sorriem fazendo que sim com a cabeça. Michel está perplexo com a revelação. O garçom chega com a conta e a máquina interrompendo a conversa. Racham a conta em quatro e cada um paga a sua parte. Uma pergunta corrói a cabeça de Michel que não vê a hora de se livrar do garçom. Assim que ele se afasta, Michel solta a pergunta engasgada:

– Mesmo quando eu e você estávamos juntos? – olha para ela temendo a resposta.
– Não, claro que não – ela responde. – Só rolava quando nós dois estávamos sem ninguém ao mesmo tempo.
– Como agora? – provoca Alessandra.
– Não – responde Guilherme –, agora estamos velhos demais para isso.

Ela sorri, concordando com Guilherme. Michel não consegue esconder estar um pouco enfadado com a recente descoberta que, ao que parece, só ele não sabia.

Levantam, se abraçam e se despendem com a promessa de se verem novamente em breve. Apesar de tudo eram amigos: pela primeira vez saíam de um encontro com a sensação de que finalmente, por um momento, haviam vencido o tempo; e haviam.

No meio da tarde.

Ainda resta uma caixa de memória aberta perto da cama. Ela pega um papel amarelado, dobrado em forma de tsuru. Percebe que há algo escrito ou desenhado nele. Desdobra o papel lentamente. Está inquieta: pensa em Guilherme, no livro, na reunião, seu pai, na separação da irmã, Carlos... O encontro com Carlos, ela sabia que ele tinha ficado observando enquanto ela se afastava, mas mesmo assim decidiu não olhar para trás. Pensa nela no meio disso tudo. Termina de desdobrar o tsuru e dentro dele encontra um fragmento de diálogo esquecido acompanhado do desenho de três flores e uma espiral:

— Partiu?
— Sim, criou asas e voou... Dentro dela o universo.

Rendezvous
Where you are now
I will join you.
_Richard Brautigan

Já passa da meia-noite. O bar está lotado. Uma banda de jazz toca em um pequeno palco. Os garçons se espremem pra lá e pra cá entre mesas e pessoas que conversam de pé e em pequenos grupos. Guilherme se aproxima com duas cervejas nas mãos. "Self service: é sempre mais rápido," entrega uma cerveja para ela, "certas coisas não mudam", ela bebe um gole longo. Guilherme senta ao lado dela, os dois olham para frente. Observam a banda. Uma mulher sobe no palco, cerca de 40 anos, veste um vestido longo e tem os cabelos loiros presos do lado com uma flor. Um homem moreno e grisalho, que até então tocava trompete, vai para o piano. Os primeiros acordes dançam no ar e a mulher começa a cantar "*I get along without you very well*". O piano, a mulher com a flor no cabelo, uma canção familiar.

A música termina e ela cantarola os últimos versos junto, naturalmente. "Ah!, essa música", suspira. Guilherme sorri. "Minha mãe costumava cantar essa música para eu dormir quando eu era pequena", mais um gole de cerveja, "Deve ser por isso que eu tenho esse dom para uma certa tristeza sem explicação". Guilherme não responde. Ela menciona pegar um cigarro, mas para no meio do ato, "Me diga, quando foi que fumar um cigarro sem perder o momento passou a ser impossível?" Ele dá risada. Ela reclama.

– Ei, é sério!
– Tá bom, quer que eu te acompanhe lá fora pra você fumar?
– Não, tá muito gelado. E além do mais o momento já se foi.
– Dom para o drama também, eu diria…

Ela dá um tapa no braço dele, "Foi forte demais, né?", o abraça e o beija no rosto. Um breve silêncio se faz. O silêncio era a fuga para tudo aquilo que os dois insistem em tentar sublimar apesar de seus corpos.

– Você sabe a história dessa música?
– Qual música? Essa que está tocando agora?
– Não, a que a sua mãe cantava pra você.
– Só sei que a versão do Chet Baker é linda. Era a que a minha mãe sempre ouvia.
– Essa música foi feita baseada em um poema de uma mulher chamada Jane Brown Thompson, se não me engano. Um compositor americano, Hoagy Carmichael, recebeu de uma estudante em Indiana um poema com nome "I Get Along Without You Very Well (Except Sometimes)" assinado com as letras J.B. Anos mais tarde ele acabou fazendo uma melodia para o poema e quando a música foi lançada nacionalmente ele fez um apelo para que a autora do poema se pronunciasse.
– E foi então que ela veio a público clamar por seus direitos sobre a obra? – ela diz brincando em um tom dramático.
– Não. Depois de muita gente falsamente se dizer autor do poema, com a ajuda de um jornal, ele descobriu que J.B. era Jane Brown Thompson e que ela havia morrido um dia antes da música ser lançada na rádio pela primeira vez.
– Nossa, que triste. Ela nunca ficou sabendo... É isso mesmo?
– Pelo menos é a história que eu sei.
– Eu nem achei que você gostasse dessa música tanto assim.
– Faz eu lembrar de você, sempre. Um dia eu resolvi pesquisar um pouco mais sobre ela, daquelas coisas bobas que a gente faz quando tem saudades de alguém e quer se sentir mais perto.
– Você podia ter me ligado.
– Sim, eu podia ter te ligado.

Ele fica olhando para ela que, sem jeito, desvia o olhar fingindo que algo lhe chamou atenção no bar. Uma certa tensão se cria entre os dois novamente. Se pudesse ser vista, ela teria a forma de algum bicho prestes a sair correndo para se salvar, fugindo de algum predador maior ou mais forte. Sem rumo, ofegante, apenas correndo para longe com a diferença que, nesse caso, o perigo parecia a única solução, porque o fugir já não fazia mais sentido. Guilherme vai beber mais um gole de cerveja e percebe que a long neck está vazia.

– Minha vez de ir pegar uma cerveja pra gente – ela diz.
– Não, não precisa. Acho que eu já bebi demais e amanhã cedo tenho uma reunião na empresa.
– Quando você vai voltar pra Berlim?
– Amanhã mesmo, de noite.

O bicho que corria sem rumo agora decide parar. Ele olha para trás e percebe que não há mais nada por perto. A rigidez do corpo de desfaz, o pulso volta ao normal, mas falta algo: sem o perigo por perto a vida se torna vazia e sem sentido. Sem entrega não há perigo, mas também não existe vida: é só um acordar e dormir sem fim que não mata mas também não alimenta, não nasce e não se faz. Ela insufla o ar com força para dentro dos pulmões e olha para Guilherme. Ele está olhando para ela esse tempo todo quase sem piscar, pois sabe que para ela é fácil fugir, um breve fechar de olhos e ela já não está mais ali. "Nós dois acertamos. Sempre soubemos como seria o nosso futuro", ela se rende enfim. Antes que a tensão se instale novamente, Guilherme responde sem perder tempo:

— Eu no mundo e você aqui: nessa cidade, nessa mesma cidade, duelando com essas canções tristes que dizem o oposto do que se quer dizer.
— Mas estamos felizes, não estamos? — ela sorri.
— Acho que sim... — ele pensa uma segunda vez na resposta — não?
— Eu acho que ser e estar são coisas diferentes.
— E?
— Sim, estou feliz. Mas volta e meia quando saio de casa fico percorrendo os bolsos, a bolsa... Chego a voltar para casa com a sensação de que esqueci algo — ela o encara por um segundo. — Falta alguma coisa.
— É, eu sei...

Esse poder dela de sintetizar emoções com descrições tão simples, essa é só uma das coisas que sempre o encantou nela. Ela se levanta e começa a caminhar em direção ao banheiro. Guilherme a observa. Ela olha para trás, uma espécie de antigo código entre os dois. Ele se levanta e vai atrás. Ela entra em um banheiro e ele entra junto. É tudo muito rápido e intenso. Se beijam enquanto ela já desabotoa a própria blusa deixando o sutiã a mostra. Com a boca em um dos seus seios ele coloca a mão por debaixo da saia dela e já a sente molhada. Se olham, se beijam, ele a penetra e em seguida, sem demorar muito, gozam cada um no seu tempo; ela um pouco antes dele.

Acontece que depois de anos de uma relação vazia entre seus corpos, apaixonaram-se. Não aquela paixão que vem do encantamento de um momento. Não, eles se conhecem há anos: as curvas do corpo, os arrepios, os gostos, sons, sabores e cheiros. Mas, pela primeira vez, naquela noite, naquele banheiro, se olharam e estavam sozinhos; seus corpos eram o mais próximo que podiam chegar de um lar e então se encantaram: um pela solidão do outro. O único tipo de paixão suicida que existe, aquela capaz de durar uma vida inteira. Enquanto ela arruma a saia e ele fecha o zíper da calça ainda não sabiam disso, estão apenas felizes. "Você dorme lá em casa essa noite?", ela diz. Ele faz que sim com a cabeça e os dois saem dali. Caminham em direção à saída de mãos dadas, juntos. O vento gelado perdeu a sua força. O inverno, prestes a chegar, já não assusta tanto.

Antes que a noite acabe

Ali estão os dois mais uma vez: os corpos nus sobre a cama, ele em cima dela, dentro dela, gozam; agora quase ao mesmo tempo. Ele segura o rosto dela e a beija.

– Eu queria ficar aqui pra sempre – sussurra no ouvido dela.
– O pra sempre é burro – ela responde sem ser rude mas, ao contrário, com uma certa doçura.
– Achei que era a eternidade – Guilherme ri.
– Não são a mesma coisa? – retruca com um ar de esperta.
– Acho que sim… de qualquer forma acho que já estou preparado para um pouco mais de burrice na minha vida.

Ele a beija mais uma vez e sai de cima dela deitando ao seu lado. Eles se viram um de frente para o outro. Estão serenos. É como se o mar dentro deles se aquietasse por alguns minutos e nada precisasse ser dito ou feito a não ser respirar o mesmo ar que dividiam naquele quarto. Estavam vivos e estavam juntos ali, naquele momento. "Quer tomar um banho?", ele brinca com uma das mãos dela mexendo em seus dedos. "Não. E você?", ela responde com um sorriso e Guilherme balança a cabeça negativamente.

– Isso é um das coisas que eu sempre gostei em você – ele tira alguns fios de cabelo do rosto dela.
– Meu cabelo?
– Não, o fato de que de todas as mulheres que eu já tive na vida você é a única que não tem pressa em tomar banho logo depois do sexo.
– É porque eu gosto de sentir o outro em mim por mais tempo.
– Sim... a pressa para o banho deixa tudo tão mecânico; e frio.

Ela concorda e ele pisca os olhos segurando as pálpebras fechadas por um tempo. Ela observa o peito dele contrair e expandir junto com ar. Levanta e coloca o rosto bem próximo do dele respirando junto, ao mesmo tempo, com ele.

– Não dorme, não ainda... – beija as pálpebras dele delicadamente.
– Eu não quero dormir... eu queria dizer... – abre os olhos um instante, mas fecha em seguida.
Ela abre os olhos dele com os dedos, e ele sorri. Guilherme tenta lutar contra o sono que já quase venceu a batalha.

– Eu queria saber se você não quer passar um tempo comigo em Berlim. – Ele fecha os olhos mais uma vez.
– Eu sempre achei que a gente fosse só fuck buddies, não? – Queria ter dito outra coisa, mas foi isso que saiu.
– O pra sempre é burro – fala pausado, entre um bocejo e uma respirada mais funda –, não é o que você diz?
– Touché. – Ela se desarma.

Ele começa a dormir. Ela o observa mais um tempo, desenhando o ombro dele com a ponta dos dedos, beija os lábios dele e em seguida se vira. Ele a abraça por trás. A respiração de ambos se acalma. Respiram quase no mesmo ritmo sem perceber.

– E se não der certo? – Ela já está de olhos fechados.
– Vai dar certo... eu sei – ele responde entre uma pausa infinita.
– Como você pode ter certeza? – ela sussurra.
– Porque eu sempre soube, porque... – Ele não consegue terminar a frase.
– Sempre...

Dormem.

DIA 06
Sobre o amanhecer e outras coisas.

"Time is the longest distance between two places."
_Tennessee Williams.

Guilherme abre os olhos devagar com a luz do sol que invade o quarto desenhando o rosto dela ao seu lado. Nunca haviam acordado juntos antes: fazia parte do trato; e ele nem se lembrava mais quem tinha colocado isso como uma regra. "Por trás de toda regra há sempre um medo a ser revelado", toca o cabelo dela. Ele beija os lábios dela gentilmente para que ela não acorde, não ainda. Quer olhar para ela ali: quieta, vulnerável, sem a defesa afiada das palavras. "Se eu pudesse ficar...", termina de abotoar a camisa. Era tudo o que ele queria, poder ficar, poder prolongar essa tranquilidade que invadiu seu corpo desde a noite passada. Termina de calçar os sapatos, vai até a cama e senta ao lado dela. Fala algo em seu ouvido e ela sorri abrindo os olhos lentamente.

– Fica – ela pede com voz de sono.
– Não posso.
– Você vai embora hoje mesmo?
– Sim, de noite. Mas você almoça comigo mais tarde – respira fundo –, você me deve uma reposta.
– Resposta? – Está sonolenta.
– Se você vem passar um tempo comigo em Berlim, lembra?
– Achei que você estivesse brincando. – Senta na cama se ajeitando.
– Não, estou falando bem sério.
– E depois? – ela o encara.

– E depois o quê?
– Se eu for pra lá ficar com você e...
– E der errado, é isso que você tá pensando?
– Não... – morde o lábio inferior. – E se der certo?
– É disso que você tem medo? – Dá risada.
– Sim.
– Se der certo a gente vê o que faz.

Se abraçam. Ficam assim, abraçados, mais tempo do que deveriam. "Estou atrasado", ele se levanta. Ela deita novamente e fica observando ele terminar de se ajeitar. "Almoço que horas?", boceja. "Eu te ligo mais tarde, mas vai ter que ser depois das duas", ele vai até o banheiro. Ela fica olhando para a porta esperando ele sair, começa a se perder entre a realidade e o sonho. Ele chega do lado dela já arrumado e se abaixa. Ela abre os olhos. "Tenho que te dizer uma coisa antes de sair", Guilherme sorri para ela, "I am good at waiting but I won't wait forever", beija a testa dela, "E considere todos esses anos desde que te conheci como parte da espera", ele levanta. Ela balança a cabeça entendendo o que ele quis dizer. "Você não vem fechar a porta?", ele está quase saindo do quarto. "Já vou", boceja mais uma vez enquanto ouve os passos dele se afastando. Sente uma pontada no coração ao pensar nele indo embora. O som da porta fechando, quer levantar, mas o corpo já não responde, e se acalma porque sente Guilherme mais uma vez ao seu lado. Caminham no quintal da casa de seu velho pai. O dia é de sol e calor, mas tem vento – na grama do jardim, onde agora estão sentados, as formigas não vêm beliscar sua pele. "A felicidade inatingível do sonho", pensa já dormindo, "as formigas... Guilherme... o jardim". Seu pai aparece, se materializa em um raio de luz. "Há uma vida secreta nos jardins, minha filha, uma vida que se esconde atrás no nosso respirar ofegante", fuma um cigarro e lhe oferece outro, mas ela recusa. "Essa frase é minha", diz ao pai, "eu pensei em escrever isso outro dia". Antônio fuma o cigarro soltando uma fumaça espessa pela boca: "Eu pensei, você pensou, nós pensamos, eles também pensarão um dia", e some em meio a fumaça do cigarro que agora parece uma fina neblina. Ela se agita, procura por seu pai novamente e o encontra em cima de uma árvore berrando: "Palavras são só palavras: o mundo é uma forma e um fonema ao mesmo tempo", ele diz, "O sacrifício do penitente é sempre vaidoso assim como a esmola do santo". Antônio começa a repetir tudo de novo feito um mantra e ela deixa o velho para trás. Volta seus olhos para Guilherme que já não está mais ali.

Uma borboleta grande, amarela, pousa em uma de suas mãos. Percebe algo escrito em sua asa, se aproxima. Em uma grafia antiga e alongada consegue ler a frase "Tudo aquilo que é, já foi perdoado", a borboleta voa. Está agora na porta do antigo observatório astronômico. "Abra a porta", sua mãe diz. Procura por Dora, mas ela é somente uma voz. "Só tem estrelas lá dentro", a voz de sua mãe fala baixinho em seu ouvido, "o universo, e o infinito, o infinito, o infinito", toca a porta mas sente medo de abrir. Percebe no trinco o desenho de uma rosa negra. Um medo incontrolável se apossa de seu corpo, mas ela desconhece a causa. Procura por Guilherme, chama por ele em vão. Está, agora, sozinha no banheiro de sua casa. O vapor da água da chuva que bate nos telhados se confunde com um som conhecido: o homem que passa assoviando na rua, um homem feliz. Da janela da sala vê a garça, quase pode tocá-la com as mãos, mas isso não é um sonho: "Isso aconteceu, foi real!", a angústia toma conta de seu peito. Vai andando na direção de seu quarto devagar até finalmente encontrar a si mesma na cama, nua, deitada, "Estou morta" –, e no momento seguinte acorda ofegante sentando na cama. Olha para o lado instintivamente, tentando achar ela mesma parada na porta do quarto observando-a dormir, mas não; não há ninguém ali. Algumas poucas lágrimas escorrem enquanto tenta acalmar a respiração e percebe que está viva. Rapidamente pega a caneta e o caderno de anotações do criado-mudo e escreve algo. Levanta e vai fechar a porta do apartamento. Guilherme já havia partido.

Interlúdio IV

"(...) é só uma brisa, quem sabe
ela bagunce teu cabelo,
quem sabe te acaricie o rosto,
quem sabe, quem sabe..."
_Machado de Assis

Acaba de desligar o telefone. Era da editora confirmando a reunião para o dia seguinte e mudando o horário para o período da manhã. Mais uma vez havia se esquecido da reunião, do livro, de onde tudo começou. Sentia-se leve, o ar entrava com mais facilidade nos pulmões nessa manhã. Ainda tinha nela a lembrança do sonho e aquela sensação de morte que lhe ocorrera pouco antes de acordar: mas está viva; e sente uma felicidade quase infantil em ter consciência disso. "A morte nos força à sutil batalha diária de nos tornarmos eternos em vida", vai até a janela e olha para baixo. A cidade, o dia de sol, o motoqueiro: sim!, alguém a amava. Sorri. Pensa em fumar um cigarro desiste. Pensa em tentar parar de fumar. Pensa em voar. Pensa em mudar para outros lugares, pensa na pergunta de Guilherme, pensa, pensa. "A rua está tão cheia de vida lá embaixo, é nos dias de sol que a natureza se prolifera", sente-se estranhamente conectada àquele mundo, àquelas pessoas andando sem saber direto para onde ou por quê. Percebe ali, perdida em seu infinito pensar, que mesmo nos atos mais naturais como gerar filhos, ou nos mais criativos e egocêntricos como fazer um filme e compor uma música, ou ainda em um ginasta que tenta levar seu movimento à perfeição, um cientista que por anos tenta provar a sua intuição inicial ou um professor que passa para frente a sua sabedoria, assim como ela mesma escrevendo um livro, em todos esses casos o que estava em jogo era trapacear a morte. "Se existe uma função para vida talvez seja essa: a de nos fazer eternos", sai da janela em busca de um copo de água. "E eu que sempre achei que a eternidade era burra...", mais uma incerteza para a sua coleção.

Nunca se sentira tão feliz por acordar ofegante sentindo o sangue correndo nas veias e o seu coração defeituoso, partido desde nascença, ainda batendo forte no peito como nessa manhã. Estava feliz apenas por existir e era um sentimento genuíno. "Sobre os momentos de felicidade, posso dizer que eles acontecem assim, de mansinho, quase sem perceber, e quando me dou conta sobrou somente uma certa paz: característica das vezes em que meu coração consegue entender aquilo que a razão deixou escapar porque estava em seu ponto cego", senta-se na frente da velha máquina de escrever. Ela tem uma resposta para dar: "Eu gostaria que ele ficasse", suspira.

Tenta digitar alguma coisa, mas não consegue, a agitação dentro dela é mais forte do que seus dedos. Está encantada pela vida, pelas pessoas lá embaixo, os encontros, as possibilidades, a grande beleza. "Amanhã talvez eu escreva sobre ela, sobre a vida e a beleza, agora não dá. Agora meu coração é uma mistura de arrepios, lágrimas, pequenas alegrias e vontades", vai até a velha radiola e coloca Clube da Esquina para tocar. A imagem do seu pai e de sua mãe dançando na sala de estar quase vazia quando ainda eram felizes juntos. O encontro ao acaso com Carlos no outro dia, o espaço que se criava entre eles e a beleza do movimento: a chuva e os guarda-chuvas coloridos perdidos durante a tempestade rodopiando com uma rufada de vento mais forte: era isso que se desenhava entre eles naquele momento e que só ela viu. A alegria de sua irmã, Cecília, no dia do seu casamento: "Sim, minha irmã foi feliz: não fracassara", e diria isso a ela assim que pudesse. Vagando entre retalhos de imagens e sensações, encontra mais uma vez o momento em que cruzou seu olhar com o de Guilherme ontem no restaurante; o arrepio e a falta de ar. "E bem lá no fundo não seriam assim todos os corações? Sempre esperando o momento da mágica e não o truque" está novamente na frente da máquina de escrever e conclui seu pensamento marcando o papel: "Se o truque nos fosse revelado que graça teria? Um momento, somente um momento de mágica vale uma vida inteira".

Decide que vai usar uma flor no cabelo para o almoço de logo mais. Enquanto se arruma, sente que dentro de seu corpo cabe o mundo e junto com ele dorme o constante expandir de átomos e estrelas. É outono, mas ainda se pode ouvir as cigarras. Pega um papel e uma caneta, começa a escrever. É outono, mas o dia deu em sol. Fecha o que acabou de escrever em um envelope. "No meu coração cabe o mundo, só não cabe mais esse tempo dilatado que se encerra em mim", coloca um cachecol ao redor do pescoço, dá uma última arrumada na flor do cabelo, pega a bolsa e o envelope de cima da mesa e sai, esquecendo a janela da sala aberta. É outono: e o vento gelado é somente um vento gelado, é somente um vento.

A resposta.
"Mas ao chegar ao ponto em que se tece dentro da escuridão a vã certeza ponha tudo de lado e então comece."
_Carlos Pena Filho

Ela entra no pequeno café-bistrô com passos rápidos. Guilherme já está em uma mesa bebendo uma taça de vinho. Enquanto vai retirando o casaco ela se desculpa pelo atraso. Ele elogia a flor no cabelo dela antes de beijá-la. Não há mais nenhum silêncio constrangedor entre eles e nem qualquer tipo de tensão entre seus corpos. Não se sentem obrigados a falar o tempo inteiro e, ao contrário, nos momentos em que as palavras se escondem eles simplesmente comem e se olham desejando que aquele momento se prolongasse por mais tempo do que o tempo que tinham.

Guilherme bem que tentara pela amanhã ganhar mais um ou dois dias na cidade, mas o trabalho não permitiu. Ela estava inegavelmente um pouco triste com a partida dele, mas ao mesmo tempo, existia o conforto da resposta que ela lhe daria em breve. Por alguma razão ela não sentia mais medo do futuro e nem queria apressá-lo: sabia que o futuro é uma ilusão, que o futuro na verdade estava acontecendo agora, ali naquela mesa. "O futuro será o que tiver que ser: e seja lá o que for, será bom, será diferente, será todo", pensa entre uma garfada e outra enquanto olha para Guilherme que havia pedido licença para atender uma chamada rápida no celular. O importante era não interromper o fluxo do movimento que agora ela entendia ser o princípio da criação da vida: para frente, para trás, para direita e para esquerda, para cima e para baixo, mas nunca parado. Um movimento emendando no outro com breves espaços vazios entre eles onde tudo é gerado, onde tudo é criado, onde tudo já foi e será.

Guilherme a observa de longe antes de voltar para a mesa. Ele também pensa no movimento, mas de forma um pouco diferente: pensa nos movimentos dos braços dela enquanto ela fala criando desenhos no ar como pequenas mandalas que se dissolvem deixando um suave rastro de perfume, um certo cheiro de sândalo, um cheiro amadeirado. O movimento dos olhos dela olhando para ele, e os lábios dela que agora, com ele de volta à mesa, falam, falam e falam para ele palavras que são importantes para ela e que agora também passavam a ser importantes para ele. Sempre foram: as palavras dela sempre foram importantes para ele. A sua memória era permeada das coisas que ela dizia.

– O que foi? – ela diz.
– Nada... Eu estava só desenhando teus detalhes dentro de mim e desejando que o teu ar nunca acabe.
– Eu não pretendo morrer, não agora – sorri.

Ela começa a mexer em sua bolsa. Enrola-se um pouco até que puxa um envelope e o entrega para ele. "O que é?", ele pergunta já começando a abri-lo, mas ela coloca suas mãos sobre as dele fazendo com que pare.

– A resposta para a pergunta que você me fez. Mas não lê agora não, espera eu ir embora.
– Tá bom... – respira fundo.

Ela levanta e senta do lado dele. Os dois se abraçam e dessa vez seus corpos permitem que eles fiquem ali, juntos, pelo tempo certo: nem mais, nem menos. E o beijo que segue o abraço também se perde no tempo do mundo, esse tempo que já não importa mais.

– A conta é minha hoje, e eu posso te levar pra casa – ele diz.
– Não, não precisa. Acho que eu prefiro ir andando.
– Tem certeza?
– Sim.

Ela se levanta e ele levanta junto. Se abraçam e se beijam mais uma vez. Ela começa a vestir o casaco. "Eu te ligo assim que eu chegar em Berlim", segura as mãos dela, "Por favor, faça isso", ela olha para ele um instante, pensa em falar algo mas para. Ele percebe, quase escuta o que ela ia dizer.

– Fala – ele diz –, fala o que você pensou.
– Na verdade eu ia te perguntar uma coisa.
– Então pergunte, não vamos deixar nada pra depois aqui.
– Ontem de noite você disse que sempre soube que a gente daria certo: então por que só agora?
– Porque eu não estava pronto, você não estava pronta e...
– Algumas relações precisam de uma certa falta de honestidade para existir – ela completa o pensamento dele.
– É um pouco triste, mas é verdade.

Ele segura o rosto dela entre as mãos e beija sua testa: "Sem mais músicas tristes, ok? Sem medo", ela concorda só com o olhar, sem palavras, e em seguida se afasta dele. Pega a bolsa da cadeira.

– E sem drama. Podemos manter essa regra, não? – ela sorri. – A gente se vê em breve.
– Eu vou tirar férias daqui três meses, se você estiver por aqui...

Guilherme fala dissimulando a vontade que sentia de abraçar aquela mulher mais uma vez e não deixá-la ir embora nunca mais. "Sim, eu estarei", ela levanta a mão direita em um breve adeus e vai embora. Ele fica observando até ela sumir de vista. O garçom interrompe perguntando se ele quer a conta e ele responde que sim e pede um café também. Senta e fica olhando para o envelope em cima da mesa. Sente o estômago revirar com a possibilidade de que a resposta não seja a que ele espera. O garçom chega com o café e a conta. Ele paga e enquanto toma o café, ainda sentindo o perfume dela, começa a ler a carta.

CARTA_03
YES, I SAID

Como uma memória parada no tempo, eu vivo o mesmo momento repetidas vezes, mudando pequenos detalhes que parecem insignificantes à medida que os dias, meses ou anos?, já não faz mais diferença, passam. Mudo porque como qualquer memória sofrendo a ação do tempo, vejo as linhas começando a ficar borradas até sumirem no espaço. Então, começo o sutil processo de reconstrução: no lugar da garrafa de vinho em cima da mesa, agora tem um vaso de flores; o relógio não está mais lá na parede azul que um dia já foi branca. Uso agora um vestido amarelo claro que já foi preto em algum outro lugar. O amarelo claro do vestido contra o azul da parede; e a luz do poste que entra pela janela, aos poucos se transforma na luz do sol em um dia que se repete no exato momento de seu nascimento. Observo a porta que se fecha, o velho telefone com fio que nunca toca, o lençol desarrumado na cama marca dois corpos e não um: "Quem sou eu?", o vento. Sempre o vento. E em breve eu sei que como memória meu destino é ser o esquecimento de alguém. A parede azul mudará de cor até voltar a ser branca; e essa casa, a minha casa, estará enfim vazia.

Eu costumo dizer que não devemos confundir solidão com estar só: a primeira é permanente, faz parte dos mistérios da alma, e o segundo é um estado momentâneo. A primeira é necessária em um certo grau para que gente não se perca no outro, para que a gente passe em algum momento pelo processo de individualização. O segundo é uma escolha consciente mesmo quando a gente acha que não. De qualquer forma, ambas variam a intensidade, pois estão sujeitas a ação do tempo: assim como a memória e tudo que é vivo ou morto; tudo que existe, existiu e que um dia será. Foi nesses últimos anos, nesse período de maior solidão, que experimentei os maiores insights sobre mim e sobre a vida. Como tudo na matéria densa contém em si a semente de seu oposto, a solidão e o estar só também são ilusões. A realidade nada mais é do que um tipo de mágica, eu sei.

Hoje de manhã, quando acordei pela segunda vez, você já tinha partido. Mas você me perguntou uma coisa ontem de noite, um pouco antes de fecharmos os olhos e dormir, dormir, dormir. E você me perguntou novamente a mesma coisa hoje pela manhã. Aqui está o fragmento de algo que escrevi logo ao acordar, com um choro engasgado querendo sair, achando que estava morta mas não estava:

"As I opened the door that led me to a starry sky, you gave me a black rose that blossomed in the palm of my hand. You said what I wanted to hear and you asked me what I thought I couldn't do. I told you we wouldn't survive reality: an excuse based on fear. I woke up crying. I don't want to wake up in tears anymore. Yes, I say to you."[8]

---

[8] "E quando eu abri a porta que me conduziu ao céu estrelado, você me deu uma rosa negra que se abriu na palma da minha mão. Você disse o que eu queria ouvir e me pediu o que eu temia não conseguir fazer. Eu respondi que nós não sobreviveríamos à realidade: uma desculpa calcada no medo. Acordei chorando. Eu não quero mais acordar em lágrimas. Sim, eu digo a você."

Sim, eu digo para você agora, acordada, enquanto coloco uma flor no cabelo para te encontrar. Sim eu era, eu sou, uma flor da montanha. Não, diferente de você, eu ainda não li Ulysses por completo, mas esse continua sendo um dos meus pequenos projetos de vida que pretendo realizar ao seu lado pelo tempo que for; e pelo tempo que tiver que ser, sejamos inteiros, que seja todo. Eu não quero mais acordar com esse choro engasgado achando que estou morta. O lençol na cama marca dois corpos e não um. Sim eu digo para você.

Love, G.

Uma última nota sobre espelhos,
rachaduras e precipícios.

Ela chega em casa quando já está escuro. Perdeu-se pela cidade caminhando entre parques, ruas e pensamentos. Percebe a janela aberta, vai fechá-la porque parece a única coisa certa a ser feita, mas o vento já não lhe parece tão gelado. Desiste. Então, uma canção lhe rouba um pensamento e é impossível não ouvi-la antes de se preparar para dormir. Retira delicadamente *"Sounds of Silence"* da capa e coloca direto no lado dois, levando a agulha para a faixa três. A música começa e termina no tempo de uma corrente de ar mais forte inundar a sala com alguma outra lembrança que não consegue se formar direito, evapora... outra vida talvez? No silêncio da sua casa, pressente que no outono já não existimos mais seja pelo frio, seja pelo calor, seja pela falta ou pelo excesso. Mas sempre haverá uma primavera, e um verão, e com sorte ele ou ela virá mesmo para os que insistem em manter a porta fechada. Prepara um chá e enquanto a água ferve decide ligar para seu pai.

– Pai?
– Tudo bem, filha?
– Sim, tá tudo bem.

Ela fica em silêncio um tempo. Um longo tempo. Antônio escuta a respiração da filha do outro lado da linha.

– Você está ansiosa com a reunião da editora amanhã, é isso?
– Na verdade não... Quer dizer, um pouco sim...
– Se não é isso, então o que você quer me dizer? Eu te conheço, você não é de ligar. Prefere as visitas sem aviso prévio ao seu velho pai.
– Eu acho que eu vou morar fora por um tempo.
– Da cidade?
– Não, do país.

Agora é a vez de seu Antônio ficar em silêncio.

– Pai?
– Oi, filha, me desculpa. É que você me pegou de surpresa. Pra onde você vai?
– Berlim, mas não vai ser agora. Daqui alguns meses, eu acho.
– E quanto tempo você vai ficar lá?
– Ainda não sei; ainda não sei de muita coisa.
– Você vai a trabalho?

– Não, eu vou seguir meu coração.
– Entendi, você conheceu alguém.
– Não, eu descobri alguém que se sempre esteve perto.
– O Michel?
– Não, o Gui.

Antônio começa a dar risada. Ela fica em silêncio ouvindo a risada do pai sem entender, achando uma certa graça na reação dele e quando se dá conta está rindo junto. Os dois se acalmam um pouco.

– O que você achou de tão engraçado, pai? – ainda rindo um pouco.
– O Guilherme que eu estou pensando? – Antônio para de rir finalmente.
– Sim.
– Então, no final, sua mãe tinha razão.
– Porque, o que ela disse?
– Ela gostava dele, dizia que ele tinha fogo e que combinava com esse teu ar meio distante e lacônico.
– Quando ela disse isso?
– Acho que foi uma vez quando ela já estava doente. Eu fui visitá-la e a gente começou a falar sobre você.
– Então você e dona Dora conversavam sobre mim?
– É o que os pais fazem: conversam sobre os filhos. Dora é sua mãe, apesar de você gostar de negar isso. A gente sempre se preocupou muito com esse seu dom para a solidão junto com essa tua vontade de voar: uma combinação romântica e sonhadora que pode ser fatal.

Sim, Dora era a sua mãe: "Será possível que apesar de tamanho precipício entre as duas sua mãe a percebesse melhor do que qualquer outra pessoa?", ou quem sabe justamente essa distância que sempre existiu entre elas fizesse com que ambas se reconhecessem com mais clareza em suas ações, ideias e intenções. Dora era, é, sua mãe. Sabe disso, mas se acostumara a se referir a ela pelo nome e não pelo substantivo que a qualificava como alguém de seu sangue, de sua família; aquela que lhe deu a vida e junto com ela o seu primeiro coração partido ao vê-la abandonar seu pai. Dora era sua mãe e não sentia mais raiva dela há muito tempo: nutria por ela até um certo carinho, mas que nunca conseguiu expressar fisicamente. Mesmo quando a mãe ficou doente fazia tudo o que podia por ela, mas na hora de abraçá-la ou beijá-la o corpo tencionava, não conseguia evitar. Culpa daquela maldita rachadura em seu coração, da imagem de Antônio chorando em sua mente e do amor incondicional que sempre teve por seu pai.

– Você vai ficar bem, pai?
– É por isso que você me ligou?
– Sim, porque eu não tenho dúvidas da história que quero viver agora, mas quero saber se o senhor vai ficar bem.
– É o meu trabalho me preocupar com você, e não o contrário.
– Eu sei, mas...
– Eu tenho a minha casa, o meu jardim, amigos, e Cecília me ligou outro dia dizendo que vai se mudar para a tua casa. É verdade?
– Sim, então ela te contou da separação.
– Contou.

— Eu ofereci meu apartamento para ela e a pequena virem morar até ela se ajeitar e arrumar um trabalho.

— Então não se preocupe: Cecília vai estar por perto junto com a pequena. Eu não vou estar sozinho.

— Tá.

— Seja feliz minha filha, não olhe pra trás. Eu vou estar aqui: tecendo as tuas asas, sempre.

— Eu te amo pai.

— Eu também te amo, filha.

Desliga o telefone junto com a água que assovia na chaleira. Faz um chá de alecrim com capim limão porque são essas as ervas que acha dentro do armário. O disco já parou de tocar há algum tempo e ela o guarda com cuidado. Vai até a janela e dessa vez a fecha. Enquanto liga o chuveiro para esquentar vê a última caixa de memória, agora já quase vazia, aberta ao lado da cama: "O peso das coisas é sempre relativo", guarda a caixa de volta no armário, "varia de acordo com o presente", e ela já não é mais a mesma. O passado já não é mais o mesmo e o movimento, o movimento, o movimento dela no mundo, do mundo nela e com ela: "A gente não morre na vida, a gente acorda e sonha", entra no banho e deixa que água faça o seu papel.

DIA 07

"Think you're escaping and run into yourself. Longest way round is the shortest way home."
_ James Joyce, Ulysses

Naquela manhã ela acordou mais cedo que o normal. Era o dia da reunião, da famosa reunião com a editora, e em seu estômago borboletas dançavam, mas não por causa do livro ou da resposta que teria daqui algumas horas: a vida se abria para ela, um universo de possibilidades onde os desejos do passado já não tinham mais a mesma força. Tenta voltar a dormir, mas é inútil.

Liga a televisão em um canal de notícias e se depara com um clarão no céu: o mundo havia parado, perplexo por talvez perceber que não há lugar seguro – que não temos controle sobre nada a não ser sobre o nosso próprio corpo, nossos pensamentos, e sobre aquilo que fazemos e não fazemos: o que decidimos viver e o que colocamos na prateleira do que poderia ter sido. O mundo com medo e ela ali, pensando exatamente nessas coisas, achando lindo aquele corpo celeste se desintegrar no céu.

Vai até o computador e repete aquela imagem várias vezes na tela para fixar bem na memória. Não há mais nela nenhuma forma de temor em relação ao futuro, somente uma certa melancolia: a mesma que sempre a atingia nos dias cinzas e que já fazia parte de quem ela era, da sua natureza. E foi assim que aconteceu: no dia em que um meteoro caiu na Rússia e um asteroide passara a 27 mil km da Terra, ela olhou pela janela querendo sorrir; na verdade estava sorrindo, mas os olhos simplesmente umedeceram quase sem querer. Pensou na distância entre os corpos e no vazio que há entre eles, e uma lágrima caiu; seguida de outra e mais uma. Aquele nó na garganta que a acompanhara durante os últimos anos de sua vida se desfez subitamente em um soluço sem fim; e então, chorou.

FIM

NOTAS DA AUTORA

Esse livro foi concebido como um aprofundamento da minha personagem Diana que nasceu junto com o roteiro de um longa-metragem, "Canções para Diana", que escrevi em 2010 e que encontra-se em captação até o momento. No filme, a personagem vive um momento de decisão entre continuar seguindo com a vida que leva ou dar uma virada: jogar tudo para o alto e correr atrás do seu sonho de ser escritora. Esse é o livro, romance, que Diana teria escrito após decidir que ainda não estava preparada para nadar de acordo com a maré e sacrificar o sonho das palavras que ainda viviam, cantavam e gritavam dentro dela. O livro vai sair antes do filme e agora, de certa forma, tenho duas personagens já vivas no mundo: a Diana, do filme, e a personagem criada por ela, cujo nome não é revelado, que conduz toda a narrativa de "Se nada mais der certo eu não tenho plano B". Assim, me perco e me encontro nos meus personagens que nascem e se reinventam pelo olhar do outro através do diálogo silencioso que costura tramas delicadas entre o autor e o leitor: um livro só passa a existir quando é lido por outro alguém.

AGRADECIMENTOS FINAIS

Ainda dá tempo de agradecer então vamos lá porque tenho alguns nomes para citar aqui. Patrícia Marcondes de Barros, por uma caminhada em uma tarde fria em Curitiba onde você me disse "Vi, eu acho que você devia escrever um livro.", e eu que nunca pensei em escrever um livro me perguntei por um instante "Será?"; está aqui o resultado. Renato (Minas) Buiatti, fico feliz por ter sido você o primeiro a ler esse livro e por responder tão rapidamente ao meu pedido de "leitor teste": guardei as mensagens que você me passou logo após terminar de ler essa obra, mas a tua grandeza de coração está guardada comigo por essa vida inteira e por todas as outras. Anderson Maschio, meu fiel amigo e escudeiro, também não esqueci das tuas palavras, dos comentários que vão além da amizade e apontam para um entendimento dos personagens que eu pensei e senti enquanto escrevia, mas não sabia ao certo se alguém ia perceber com a mesma profundidade: e daí vem você e eu descobri mais um vez a alegria que é a gente conseguir ser compreendido de verdade. Sabine Villatore, pela presença nos momentos chave desse processo de "escrevi um livro, e agora?". Um obrigado do tamanho do mundo ao meu editor e amigo Thiago Tizzot por todas as conversas, cafés, e por me fazer companhia nesses dois anos e meio de jornada na procura das palavras certas para esse livro. Marcelo Almeida e Rafael Krebs, pela confiança e principalmente pela generosidade dando o empurrão final que faltava para esse livro poder se materializar. Henrique Ribeiro, Rodrigo

Stradiotto e Guenia Lemos, por trazerem a energia de vocês para as imagens e sons dessa personagem que ganhou um primeiro movimento e forma em nosso book trailer. E teve também todas as pessoas maravilhosas que cruzaram meu caminho até aqui e que de uma forma ou de outra me inspiraram a criar esses personagens e tramas, seja pelo que me deram de forma livre e generosa, seja pelo que faltou ou o que não foi: obrigada. A vida é boa. Seguimos.